# BIENVENIDO A CERDEÑA

*Cagliari.*

Cerdeña es un mundo aparte: se trata de una de esas islas mediterráneas con un carácter marcado que reserva innumerables maravillas a sus visitantes. Muy apreciada por los italianos por sus playas, prácticamente todo su litoral es impresionante, con sus cabos, islas y calas de aguas turquesas. De aguas cálidas y cristalinas, su variada costa esconde acantilados, cuevas submarinas y una infinidad de playas de arena fina. Desde la costa Esmeralda, punto de encuentro de la élite internacional, hasta los rincones más recónditos del golfo de Orosei, hay algo para todos los gustos: naturaleza salvaje, destinos de playa elegantes o populares, ciudades costeras, pequeños puertos... El interior de la isla es aún más sorprendente: ofrece paisajes de una diversidad inesperada, en su mayoría de media montaña. Están las mesetas rocosas de la Gallura con sus matorrales de alcornoques, los bosques de encinas de la Barbagia, los viñedos de la región de Sácer, las vastas tierras de pastoreo... El relieve, salvo la llanura de la Campidano, es casi siempre accidentado, con diferentes tipos de montañas, vegetación y cultivos. Una idea de viaje magnífica.

AF276502

*Cala Goloritzé, en Baunei.*

# ÍNDICE

## ■ DECUBRE ■

Lo más destacado de Cerdeña .... 8
Ficha técnica ................................. 10
Cerdeña en diez palabras .......... 12
Piceladas sobre Cerdeña .......... 14
Historia ......................................... 18
Población ..................................... 23
Arte y cultura .............................. 25
Fiestas ........................................... 30
Cocina local ................................ 32
Deportes y ocio .......................... 35
Personajes ilustres .................... 36

## ■ VISITA ■

Región de Cagliari ...................... 40
  Cagliari ......................................... 40
    Castello ...................................... 40
    La Marina .................................. 45
    Stampace ................................... 45
    Villanova ................................... 45
  Alrededores de Cagliari .............. 46
    San Sperate .............................. 46
    Gonnosfanadiga ....................... 46
    Sanluri ........................................ 46
    Barumini ................................... 48
  Costa de Cagliari ....................... 49
    Quartu Sant'Elena .................. 49
    Pula ............................................. 51
    Chia ............................................ 52
    Villasimius ................................ 52

Barbagia y la Costa oriental .... 54
  Nuoro y Barbagia ...................... 54
    Nuoro ......................................... 54

Oliena y las montañas
de Supramonte ............................ 59
    Orgosolo ................................... 59
    Mamoiada ................................ 60
  Costa oriental ............................. 60
    Costa Rei .................................. 60
    Jerzu .......................................... 62
    Ulassai ...................................... 62
    Lanusei ...................................... 63
    Baunei ....................................... 65
    Triei y el pueblo nurágico
    de Bau Nuraxi .......................... 66
  Fonni y alrededores ................... 67
    Fonni .......................................... 67
    Orani .......................................... 68
  Golfo de Orosei y Baronia ...... 68
    Dorgali ...................................... 69
    Cala Gonone ............................ 71
    Orosei ........................................ 73
    Posada ....................................... 73
    Budoni ....................................... 73

Gallura y la Costa Esmeralda ... 75
  Olbia ............................................. 75
  Alrededores de Olbia ................. 78
  Costa Esmeralda ....................... 78
    Porto Rotondo .......................... 80
    Cala di Volpe ........................... 80
    Cannigione ............................... 81
  Palau y su región ....................... 82
    Palau .......................................... 82
    Capo d'Orso ............................. 83
    Isola dei Gabbiani .................. 84
    Aglientu ..................................... 84
  Archipiélago de La Maddalena .... 84
    La Maddalena .......................... 84
    Caprera ...................................... 86
    Santo Stefano .......................... 87
    Spargi ......................................... 88

Budelli ..................................... 88
Razzoli .................................... 89
Gallura interior .......................... 89
Tempio Pausania ...................... 89
Calangianus ............................. 90
Aggius ..................................... 90
Costa de Gallura ........................ 91
Santa Teresa di Gallura ............ 91
Aglientu .................................. 92
Viddalba .................................. 92

**Noroeste ............................... 94**
Anglona ................................... 94
Tergu ...................................... 96
Perfugas .................................. 96
Sedini ..................................... 96
Sácer y alrededores .................. 96
Sácer ...................................... 98
Porto Torres ............................ 99
Stintino ................................. 100
La Pelosa ............................... 101
Alguer y alrededores .............. 101
Alguer .................................. 102
Porto Conte ........................... 106
Fertilia .................................. 106
Logudoro ............................... 107
Ozieri .................................... 107
Bosa y el interior .................... 108
Bosa ..................................... 108
Tresnuraghes
y Porto Alabe ......................... 111
Macomer ............................... 111
Cuglieri ................................. 113
Santu Lussurgiu ..................... 114

San Leonardo
di Siete Fuentes ..................... 115
Ghilarza ................................ 115

**Suroeste ............................. 116**
Región de Oristano ................. 116
Oristano ................................ 116
Laconi ................................... 120
Península de Sinis ................. 120
Cabras ................................... 122
Fordongianus ......................... 123
San Salvatore ........................ 124
Iglesiente .............................. 124
Iglesias ................................. 124
Valle de Antas ....................... 128
Fluminimaggiore .................... 128
Arbus .................................... 129
Montevecchio ........................ 129
Guspini ................................. 130
Masua y Porto Flavia ............. 132
Portoscuso ............................ 132
Costa Verde ........................... 133
Carbonia y región Sulcis ......... 133
Carbonia ............................... 133
Isla de San'Antioco ................ 135
San'Antioco ........................... 135
Calasetta ............................... 136
Isla de San Pietro ................... 136
Caloforte ............................... 136

**■ INFO PRÁCTICA ■**

**Info práctica .........................138**
**Índice de contenidos ............. 141**

# CERDEÑA

Pedaleando hacia cala Luna.

# DESCUBRE

# LO MÁS DESTACADO DE CERDEÑA

## Naturaleza intacta

El entorno de la isla es encantador: costas escarpadas, rocas de granito, agua azul turquesa, así como inmensas dunas, playas magníficas y peñas salvajes esculpidas por el viento. Como habrá podido comprobar, Cerdeña conserva un paisaje variado y sobrecogedor, donde la naturaleza se impone a cada paso. El resultado es un entorno salvaje que los lugareños siempre han preservado contra viento y marea.

## Tierra dedicada al ocio

Cerdeña parece haber sido diseñada para que todo el mundo pueda disfrutar al máximo de sus actividades al aire libre. De hecho, este parque de atracciones natural combina todo lo que se puede soñar en una isla a escala humana que ofrece mucho espacio: es ideal para practicar windsurf, escalada, senderismo, bicicleta de montaña o equitación... Tierra de ensueño para el ocio, Cerdeña es, sobre todo, una isla de aventuras para grandes y pequeños.

## Playas excepcionales

Una vez que haya visto las playas de Cerdeña, le costará ir a cualquier otro lugar. Son bonitas, bonitas y bonitas, ¿Qué más se puede decir? Que los sardos siempre las han amado, por supuesto.

*Porto Rotondo.*

*Cala Goloritzé, en Baunei.*

Van allí a tomar el sol, a jugar a la pelota y a darse un chapuzón a decenas de metros de la costa. A lo largo de las playas, pequeñas o grandes y a menudo de arena blanca, se ven pequeños grupos charlando en el mar, con el agua hasta las pantorrillas, porque hay que decir que los sardos no son especialmente aficionados a nadar y muchos de ellos no saben hacerlo.

## Gastronomía única

Cerdeña cuenta con un patrimonio culinario milenario. Prueba de ello son las numerosas recetas transmitidas de generación en generación que hacen las delicias de locales y visitantes: quesos, embutidos, dulces o pan *carasau* (también conocido como «papel de música») son solo algunos de los pilares de la gastronomía sarda.

Pocas islas ofrecen tanta diversidad de productos típicamente locales.

## Un museo insular

El aislamiento de Cerdeña y su falta de verdaderas fortificaciones defensivas, la han convertido en escenario de sucesivas invasiones que han ido dejado su huella. Cartagineses, romanos, vándalos, bizantinos, pisanos, genoveses, españoles, austriacos, piamonteses... han pasado por este codiciado territorio

Hoy en día, estos diferentes episodios de la historia de Cerdeña pueden apreciarse en los restos (fortificaciones prehistóricas, tumbas antiguas, cascos históricos conservados, etc.) y en los numerosos museos repartidos por toda la isla. Le espera una tierra con un rico pasado histórico y cultural, como un museo al aire libre.

# FICHA TÉCNICA

## BANDERA ITALIANA

Compuesta de tres franjas verticales iguales (verde, blanco y rojo), la bandera italiana es la de la República Cisalpina (1798-1805), entonces bajo ocupación francesa. Se inspiró en la forma de la bandera francesa y en el uniforme verde, blanco y rojo de los lombardos, que se habían unido a Napoleón. Según otras fuentes, los colores eran de origen religioso.

## País

▸ **País:** Italia.

▸ **Región:** Cerdeña es una región italiana dividida en ocho provincias (Cagliari, Nuoro, Oristano, Sassari, Olbia-Tempio, Medio Campidano, Carbonia-Iglesias y Ogliastra).

▸ **Capital:** Cagliari.

▸ **Superficie:** 24 090 km². Cerdeña es la segunda isla más grande del Mediterráneo, después de Sicilia.

▸ **Lenguas:** el italiano es la lengua oficial, pero los sardos hablan también la lengua sarda (de origen latino), que varía mucho dependiendo de la zona geográfica.

## Población

▸ **Número de habitantes:** 1 639 591 (2019).

▸ **Densidad:** 68,7 habitantes/km² (la media nacional de Italia es de 200 habitantes/km²).

▸ **Tasa de natalidad (Italia):** 8,5 ‰

▸ **Tasa de mortalidad (Italia):** 10,5 ‰

▸ **Esperanza de vida (Italia):** 82,4 años.

▸ **Religión (Italia):** cristianos (80 %,

| Cagliari | | | | | | | | | | | |
|---|---|---|---|---|---|---|---|---|---|---|---|
| Enero | Febrero | Marzo | Abril | Mayo | Junio | Julio | Agosto | Sept. | Octubre | Nov. | Dic. |
| 7°/14° | 7°/15° | 9°/17° | 11°/19° | 14°/23° | 18°/27° | 21°/30° | 21°/30° | 19°/27° | 15°/23° | 11°/19° | 9°/16° |

## BANDERA DE CERDEÑA

Una cruz roja que divide en cuatro partes el fondo blanco, cada parte representa la cabeza de un hombre negro con una cinta blanca: esta es la bandera sarda. En Cerdeña, este símbolo está asociado al orgullo del pueblo sardo y se puede ver por todas partes. La región de Cerdeña eligió este emblema en 1952 como bandera oficial. En aquel momento, los cuatro moros estaban representados con una cinta en los ojos, pero a partir de 1999 la ley decidió que la cinta debía dibujarse sobre la frente. Parece que el emblema formado por los cuatro moros tiene su origen en España.

DESCUBRE

principalmente católicos), musulmanes (1,5 %), ateos y agnósticos (<20 %).

## Economía

▶ **Moneda:** euro.

▶ **PIB:** 37 564 millones de euros (el de Italia es de 2 128 001 millones de euros)

▶ **PIB per cápita:** 22 910 euros.

▶ **Principales recursos:** agricultura y turismo.

▶ **Tasa de crecimiento (Italia):** 0,4 %.

▶ **Tasa de desempleo (Italia):** 6,2 %.

▶ **Tasa de inflación (Italia):** 1,3 %.

## Huso horario

Italia pertenece al mismo huso horario que España y cambia de hora en verano.

## Clima

El clima mediterráneo es agradable y soleado durante tres cuartas partes del año. Los veranos son calurosos y los inviernos gratos. Lluvias frecuentes en invierno y sobre todo en otoño.

© D.SERRA1 - SHUTTERSTOCK.COM

*Traje tradicional sardo.*

# CERDEÑA EN DIEZ PALABRAS

## 3 M

La sociedad sarda está dominada por tres *M: Madonna, Mamma, Mangiare*. Esto es obviamente una exageración, pero como todas las exageraciones, tiene algo de verdad.

▸ **Madonna.** El pueblo sardo es profundamente religioso: el número y esplendor de sus iglesias así lo atestiguan. Incluso los pueblos más pequeños pueden tener varias, y los domingos por la mañana grupos y familias acuden a misa.

▸ **Mamma.** Cuando se pregunta a un italiano qué es lo más importante para él, puede apostar a que responderá: la familia. Desde este punto de vista, los sardos son italianos puros. Los niños son el centro del núcleo familiar. Las madres desempeñan un papel fundamental, ya que son ellas quienes se ocupan de ellos la mayor parte del tiempo.

▸ **Mangiare** o «comer», una actividad muy importante para los sardos, tanto si hablamos de la comida en sí misma, como en todo lo que esta implica. La cocina sarda es la de un pueblo de pastores y pescadores, muy sencilla y llena de sabores.

## Pastor

El pastor es el símbolo de Cerdeña. Tiene fama de testarudo y celoso. Hay un famoso proverbio sardo: *Furat chi benit dae mare* («El que viene del otro lado del mar es un ladrón»). También es el guardián del otro emblema de la identidad sarda: la oveja. Hay que tener en cuenta que hay tres millones de ovejas para 1,65 millones de habitantes, ¡el doble de ovejas que de personas!

## Limba

Los sardos están muy orgullosos de su dialecto. A diferencia del italiano, tiene variantes muy específicas según la zona geográfica. Actualmente se enseña como idioma en algunas escuelas. En las ciudades, a los jóvenes que no están en contacto con ella desde pequeños, les cuesta aprenderla.

## Malloreddus

En italiano, se llaman *gnocchi sardi*. Se necesita mucha paciencia para hacer esta pasta de harina de sémola, muy pequeña, pero muy sabrosa. La receta tradicional es con salsa de tomate y salchichas, pero también hay versiones con marisco.

## Mirto

Nunca rechace una invitación a tomar una copa: es la primera regla que se aprende al conocer la isla y sus gentes. Ofrecer vino o licor a voluntad es una parte importante de la hospitalidad sarda. El licor de mirto es uno de los productos más típicos, y nadie se va de aquí sin comprar al menos una botella.

## Passeggiata

A partir de las 16 h, o algo más tarde, dependiendo de la época del año, es la hora de la *passeggiata,* o paseo, ya sea por *el corso,* la *piazza,* o el *campo,* en cualquier caso, por las zonas más concurridas. Se pasea en una dirección, luego en otra, y si el paseo es demasiado corto, se vuelve a empezar. La *passeggiata* es el espacio social por excelencia: deteniéndose a charlar con alguien conocido o con el grupo de amigos, sentados en un banco, en un patinete, en la terraza de un café o simplemente de pie, se habla durante horas.

## Pecorino

Es el señor de los quesos sardos. Este delicioso queso de leche de oveja es el típico de la isla. Existen unas quince variedades, la más famosa es el *Fiore Sardo.*

© OCSANADEN – ISTOCKPHOTO.COM

*Los* malloreddus *son una pasta típica de Cerdeña.*

## Playas

Los sardos están muy orgullosos de sus maravillosas playas. Las protegen y tratan de preservarlas de la privatización. El bronceado permanente de la mayoría de los sardos es una señal de su pasión por la playa. Las playas sardas están muy limpias. No admiten perros en la mayoría de ellas, y prestan especial atención a recoger la basura que pueda quedar. También sancionan con fuertes multas robar arena, costumbre muy extendida entre los turistas.

## Siesta

En toda Cerdeña, y especialmente en verano, la hora de la siesta es sagrada. Las tiendas y museos suelen permanecer abiertos hasta las 13 h. Después, no hay quien abra los ojos ni las puertas antes de las 16.30 h o incluso las 18 h. Es una oportunidad para pasear por la ciudad y disfrutar de este momento casi mágico de calma, a menos, claro está, que se deje tentar por la somnolencia reinante. Después de esta hora feliz todo se anima, la vida vuelve a la normalidad y pueblos enteros se despiertan para llenar las plazas, terrazas y cafés...

## Tenores

Una de las tradiciones musicales más antiguas de Cerdeña es el canto polifónico de los pastores, en particular el canto *a tenore.* Este tipo de canto, similar al gregoriano, se caracteriza por su dureza y por una especie de persistencia. Probablemente los pastores han estado cantando estas melodías durante miles de años para combatir su soledad, sin duda muy viva en estas montañas.

# PINCELADAS SOBRE CERDEÑA

## Geografía

Cerdeña es la segunda isla más grande del Mediterráneo. Situada a 11 km de Córcega y a 180 de la costa italiana, la isla se extiende sobre una superficie de 24 089 km², en pleno centro del Mediterráneo.

Cerdeña posee 1849 km de costas variadas y espléndidas. A menudo son bastante altas y terminan en promontorios escarpados que dominan grandes bahías de aguas turquesas. El único lago natural de la isla es el de Baratz. Entre los lagos artificiales hay que citar al del Gavoi y al de Gusana. Muchos de ellos situados a lo largo de los ríos Tirso, Coghinas y Flumendosa. El punto más alto de Cerdeña es Punta La Marmora, a 1834 metros de altitud.

## Clima

El clima de la isla es generalmente suave. Casi siempre con sol, calor y cielos azules. La isla está influenciada por masas de aire procedentes de África, el Atlántico y el Ártico. Hace buen tiempo durante más de tres cuartas partes del año. El resto, en invierno y otoño, llueve con frecuencia.

En verano son raros los chubascos, pero puede haberlos ocasionalmente en primavera. La isla es muy ventosa debido al mistral, sobre todo en la costa oeste, al sur de Oristano. Durante el verano hace mucho calor, sobre todo en julio y agosto, pero al ser una isla, nunca resulta abrasador.

## Medioambiente

El territorio, con sus costas, sus vastos espacios interiores, sus bosques milenarios y sus rocas de granito esculpidas por el agua y el viento, constituyen el principal recurso de Cerdeña, de ahí el esfuerzo constante de sus habitantes por preservar y valorar este excepcional patrimonio. Una de las medidas puestas en marcha es la creación de parques nacionales para proteger la flora y la fauna, así como las tierras codiciadas por promotores inmobiliarios demasiado ambiciosos. Los parques se dividen en tres categorías: nacionales, regionales y áreas marinas protegidas. Cerdeña cuenta con tres parques nacionales:

▶ **El archipiélago de La Maddalena,** creado en 1994, tiene una superficie de 14 hectáreas y 180 kilómetros de costa. Incluye todas las islas del archipiélago y las extensiones de mar que las separan, ya que es un parque geomarino. Rico en historia, conserva huellas del paso de hombres ilustres como Napoleón Bonaparte, Horatio Nelson o Giuseppe Garibaldi. Pero, sobre todo, es la naturaleza virgen la que domina en este parque, en el que se mezclan tierra, mar, granito, arena y matorral mediterráneo. El patrimonio botánico del archipiélago de La Maddalena incluye 750 especies, lo que representa un tercio de la flora

© KRIVINIS - ISTOCKPHOTO

*Villasimius, en la Costa sur de Cerdeña.*

total de Cerdeña. Las escarpadas costas graníticas o arenosas albergan a menudo acantilados o rías, con playas pequeñas pero a menudo magníficas, como Spiaggia Rosa, una playa de arena rosa (color debido a la descomposición de microorganismos marinos), en la isla de Budelli.

▶ **Asinara,** al noroeste de Cerdeña, frente a Stintino, es la segunda isla más grande de Cerdeña, después de Sant'Antioco. Habitada desde el Neolítico, albergó campos de cuarentena, posteriormente, durante la Primera Guerra Mundial, un campo de prisioneros y, por último, un centro penitenciario en los años 1970, cuando el terrorismo azotaba Italia. Esta isla, con su vegetación de matorral mediterráneo, es una zona de reproducción para unas cien especies de fauna silvestre de Cerdeña: especies marinas, reptiles (once especies), aves marinas (incluyendo la gaviota corsa). Entre los mamíferos se encuentran el muflón (unos quinientos ejemplares), el

jabalí, el caballo y, por supuesto, el asno albino de Asinara, característico de la isla. Gennargentu y el golfo de Orosei fueron declarados parque nacional en 1998, pero esta decisión aún no se ha hecho efectiva. Esta zona posee un notable patrimonio natural e histórico. El valle de Lanaittu, en particular, conserva vestigios prehistóricos de presencia humana, con el yacimiento de Tiscali.

▶ **La región de Gennargentu** siempre ha sido un refugio para los sardos cuando se sentían amenazados por los invasores. También se pueden encontrar grabados rupestres en la cueva del Bue Marino (golfo de Orosei), algunos de los cuales parecen representar figuras humanas. El parque comprende tres zonas muy diferentes: por un lado, el macizo del Gennargentu, coronado por el pico de La Marmora; por otro, una zona dominada por los paisajes salvajes y lunares del Supramonte, y por último, el magnífico golfo de Orosei, donde los blancos acantilados calcáreos caen en picado hasta las aguas transparentes, mientras que pequeñas calas sirven como refugios naturales para los visitantes. En las zonas salvajes del Gennargentu y el Supramonte abundan los muflones. Aves poco comunes, como el halcón de Eleonora, del que solo quedan unos cien ejemplares, han adoptado los acantilados del golfo de Orosei como lugar de anidación.

# Flora y fauna

## Fauna

▶ **Un santuario para los ornitólogos.** Cerdeña alberga cientos de especies diferentes de aves, la mayoría en las costas: estas extensas lagunas y marismas son el hogar de una impresionante población de aves acuáticas. Se pueden observar, en particular, hermosos flamencos rosados en los estanques del sur y el oeste de la isla, así como malvasías cabeciblancas (pequeños patos), fochas, patos silvestres, somormujos, charranes, porrones europeos, rascón europeo, garcetas y otras garzas. En el corazón de la isla, en las montañas del centro, de difícil acceso y poco pobladas, a veces se pueden avistar majestuosas aves rapaces en el cielo, como el buitre leonado, un ave con una envergadura de hasta 2,80 metros y un peso de 8 a 10 kilos. Dos especies de águilas habitan en la isla: el águila real y el águila de Bonelli. Lamentablemente, estas aves son cada vez más raras, y las colonias apenas cuentan con unos pocos cientos de ejemplares. Menos amenazadas de extinción están las numerosas colonias de gaviotas reales y, más raramente, algunos ejemplares de gaviotas de Audouin, que viven a lo largo de las costas. También se encuentran dos especies de cormoranes: el famoso cormorán moñudo y el cormorán común.

▶ **Principales mamíferos.** Una especie tradicionalmente asociada a la fauna marina de Cerdeña es la foca monje, que aún habitaba en todas las costas de la isla a finales del siglo pasado. Lamentablemente, hoy en día ha desaparecido casi por completo, aunque algunos mantienen el mito y afirman haberla visto. Otro mamífero emblemático de la isla es el ciervo sardo, del cual sobreviven solo unos cientos en los bosques de la provincia de Cagliari. Otros habitantes de los bosques están amenazados por la reducción de su hábitat natural; es el caso de pequeños mamíferos como la comadreja, el zorro, la liebre y el lirón. El jabalí salvaje de Cerdeña, en cambio, no parece estar en peligro, aunque es el blanco favorito

© FELINDA - ISTOCKPHOTO

*Roccia dell'Orso.*

## ORO ROJO

El coral tiene una historia muy antigua que se remonta a los inicios de la prehistoria. Hace 30 000 años, se descubrieron fragmentos de coral utilizados como amuletos en tumbas neolíticas. Desde siempre, este ha fascinado tanto a los grandes personajes de la humanidad como a la gente común. Para los romanos, el coral fue «el mejor fruto del mar» ... durante siglos, pues se consideró una planta o un mineral hasta que, en el siglo XVII, Filippo Finella y Andrea Peyssonnel afirmaron que se trataba de un animal. En los mares existen aproximadamente una treintena de especies de corales, pero es en el Mediterráneo, y en particular en Cerdeña, donde nace el coral rojo (*Corallium rubrum*), uno de los más valorados. En Cerdeña, a lo largo de las barreras coralinas de Alguer, el golfo del Asinara y Santa Teresa di Gallura, el coral rojo es recolectado por buceadores profesionales que se sumergen a más de cien metros de profundidad. En las cercanías de Alguer, la licencia para recolectar este oro rojo se concede solo a una decena de buceadores al año. Sin alterar el ecosistema, estos buceadores logran extraer aproximadamente entre 700 y 800 kilogramos de coral.

DESCUBRE

de los cazadores. En realidad, la isla se asemeja a un pequeño continente: varias especies comunes en el resto de Italia no existen en Cerdeña, y viceversa. Por ejemplo, no se encuentran víboras, tejones ni ardillas, pero sí el muflón, el ciervo sardo y la foca monje. En Cerdeña, los tamaños de los asnos, caballos, jabalíes, cerdos y conejos son más pequeños que los de las especies continentales, como lo demuestran los pequeños caballos salvajes que viven en el altiplano de la Giara di Gesturi.

### Flora

Aquí está presente la flora típica del Mediterráneo: el matorral mediterráneo o maquia. Característico de las costas de Cerdeña, en su forma *pura* está compuesto de algarrobos y olivos. Otras especies de arbustos se entrelazan con esta maquia original, como la jara rosa, el mirto blanco inmaculado, la retama dorada, la lavanda y la euforbia. El enebro, también presente entre la vegetación dispersa de la maquia sarda, es el símbolo de la isla y sigue siendo muy abundante a pesar de las graves alteraciones y talas. El roble, en sus tres principales especies, es el árbol más común. El Parque del Gennargentu alberga numerosas explotaciones forestales de castaños. También hay pinares a lo largo de la costa, algunos todavía naturales en el suroeste, pero en su mayoría provenientes de la silvicultura (en las costas oriental y septentrional). Otro espécimen típico de la isla es la palmera enana, también llamada palmera de San Pietro (muy representada en esta isla del suroeste de Cerdeña). Sus hojas secas, cortadas en tiras finas, se utilizan para la cestería, especialmente por los artesanos de Castelsardo.

# HISTORIA

## Cerdeña prenurágica: en los tiempos de los primeros sardos

Las primeras huellas humanas en Cerdeña datan del Paleolítico Inferior (120 000 a. C.), cuando la isla aún formaba un único territorio junto con Córcega. Los primeros habitantes descubrieron un entorno natural hospitalario: llanuras fértiles, bosques y aguas ricos en recursos para la caza y la pesca. Sin embargo, no fue hasta el Neolítico Temprano (6000 a. C.) que aparecieron los primeros signos de civilización. Dos civilizaciones se sucedieron: la civilización de Bonu Ighinu (4000-3500 a. C.) y la civilización de Ozieri (3500-2700 a. C.). Estos pueblos se agrupaban en aldeas de cabañas y vivían de la agricultura y la ganadería. Estas civilizaciones se caracterizaban por su arte de las cerámicas y estatuillas —a menudo vinculadas al culto a la divinidad—, pero sobre todo por su culto a los muertos y las vastas cámaras funerarias que nos han legado. Estas necrópolis se conocen como domus de janas, «casas de hadas o brujas».

## La civilización nurágica: base de la cultura sarda

Este periodo, que se extiende desde el final de la Edad del Bronce temprana (1800 a. C.) hasta el final de la Edad del Hierro (500 a. C.), marca los primeros pasos de la civilización sarda. Debe su nombre a unas construcciones específicas de Cerdeña y únicas en el mundo: los nuragas. Estos grandiosos monumentos, formados por grandes bloques de piedra ensamblados en torres cónicas, salpicaban toda la superficie del territorio. Aunque muchos han desaparecido, aún se conservan cerca de siete mil nuragas en toda la isla, aproximadamente uno cada dos kilómetros. Esta civilización, pacífica y sedentaria, destacó por la producción de objetos de metal (principalmente bronce) y por sus avanzadas técnicas arquitectónicas. La época nurágica fue uno de los raros períodos de independencia de Cerdeña. Terminó con la llegada de los fenicios en el año 1000 a. C.

## Entre Cartago y Roma

La llegada de los mercaderes fenicios supuso la transición de una población tribal a una sociedad organizada. Durante los siglo IX y VIII a. C., fundaron las primeras ciudades costeras: Karalis (Cagliari), Bitia, Nora, Tharros y Sulcis. Conscientes de la amenaza de esclavitud, los pueblos nurágicos se rebelaron contra los fenicios, quienes pidieron ayuda a Cartago. En el 540 a. C., el ejército cartaginés desembarcó por primera vez en Cerdeña, pero se encontró con una dura resistencia sarda. En el segundo asalto, Cartago se impuso y sometió a la población sarda a su autoridad. La isla adquirió un estatus privilegiado y forjó estrechos vínculos con Cartago, que convirtió la isla en una base estratégica y militar en el Mediterráneo. Conscientes de la importancia de Cerdeña para Cartago, los romanos aprovecharon la derrota cartaginesa en la Primera Guerra Púnica (238 a. C.) para apoderarse de la isla. A pesar de sus incansables esfuerzos por eliminar los vestigios de la cultura de sus predecesores, los romanos nunca consiguieron someter todo el territorio. La resistencia sarda se organizó en el interior, dando lugar a continuas revueltas.

## Dominación árabe y Cerdeña medieval: un periodo turbulento

Cerdeña comenzó pronto a atraer el interés de los árabes, que ya habían establecido algunos cuarteles en Sicilia, España y el norte de África. En el 711, las tropas de Musa ibn Nusair invadieron la isla. La resistencia sarda se organizó. En 807, destruyó toda la flota sarracena. Sin embargo, no pudo poner fin a las sucesivas invasiones. Al aliarse con Cerdeña, Génova y Pisa impidieron que los árabes conquistaran una base militar estratégica. Hacia el año 1000, Cerdeña consiguió liberarse de la dominación sarracena y creó cuatro reinos autónomos. Durante este periodo de relativa calma y de crecimiento económico y cultural, los genoveses y los pisanos se hicieron poco a poco con el control de la isla que, finalmente, se dividió en dos territorios: Lugodoro y Campidano se adscribieron a Génova, y Gallura a Pisa. A principios del siglo XIV, el papa Bonifacio VIII, interviniendo en las disputas que volvían a agitar el país, cedió el reino de Cerdeña a los aragoneses, que reinaron en el territorio durante dos siglos, hasta que la isla se incorporó al Reino de España, nacido de la alianza entre las coronas castellana y aragonesa.

## Dominación española

En 1469, la unión de Fernando II de Aragón e Isabel de Castilla consolidó la unidad del reino de España. El *Regnum Sardinae* pasó entonces a depender de la corona española. Al mismo tiempo, España, en un momento de plena expansión territorial, descuidó Cerdeña durante muchos años. El reino de España ocupó Cerdeña hasta 1720, impregnando a su pueblo de su cultura y tradiciones. Los sardos, despojados de todas sus riquezas, tanto territoriales como culturales, comenzaron a organizar movimientos de revuelta y bandolerismo. En 1708, el reino de Cerdeña quedó bajo control austriaco como consecuencia de la Guerra de los Treinta Años. En 1717, el cardenal Alberoni, ministro de Felipe V, recuperó Cerdeña. En 1718, el Tratado de Londres devolvió la isla al reino de Saboya.

## Cerdeña bajo el control de la casa de Saboya

El gobierno trajo campesinos del Piamonte para controlar a los pastores sardos y combatir el bandolerismo, aunque estos esfuerzos resultaron infructuosos. En 1793, el ejército francés, inspirado por los ideales de la Revolución, invadió fácilmente la isla de San Pietro. Sin embargo, los sardos, liderados por la nobleza y el clero, repelieron la invasión. En 1794, los sardos se rebelaron contra los piamonteses, quienes se negaban a otorgarles mayor autonomía. Tras las guerras napoleónicas en Italia, los duques de Saboya abandonaron Turín en 1799 y se refugiaron en Cagliari durante quince años. A pesar de esto, el gobierno piamontés no logró mejorar la precaria situación

DESCUBRE

de la agricultura. Finalmente, en 1847, el parlamento sardo se fusionó con el del Piamonte, al igual que el gobierno y el poder judicial.

## Época del Risorgimento

A partir de 1848, el reino de Piamonte-Cerdeña estuvo inmerso en las guerras por la unificación de Italia. En aquel momento, Italia estaba en proceso de unificación bajo el liderazgo de Cavour, Presidente del Consejo, y del soldado Garibaldi, pero Cerdeña seguía siendo, a ojos del Piamonte, un territorio secundario cuya opinión carecía de importancia. Tuvo que estallar la crisis política de 1860, provocada por el rumor de que Cavour estaba a punto de ceder Cerdeña a Francia, para que se escucharan las demandas del pueblo sardo. Giuseppe Garibaldi desmintió este rumor y fijó su residencia en la isla de Caprera, en el archipiélago de La Maddalena. Permanecería muy unido a la isla, a pesar de sus numerosas actividades políticas en Italia, y pasaría el resto de su vida en Cerdeña, donde murió en 1882. Después de que la isla pasara a formar parte de Italia en 1862, la situación económica mejoraría lentamente.

## Despertar autonomista a principios del siglo XX

Durante la Primera Guerra Mundial, Cerdeña encontró la fuerza y la voluntad necesarias para reclamar su independencia. Se movilizaron cerca de 100 000 hombres, una proporción superior a la media nacional italiana. La *Brigata Sassari* se convirtió en el orgullo del país y su valor fue reconocido por los italianos. Los sardos, fortalecidos por este nuevo reconocimiento, fundaron

en 1921 el Partido de Acción Sardo (*Partito Sardo d'Azione*) en un congreso en Oristano, con el objetivo de establecer una democracia más justa y racional en la isla. Sin embargo, en las elecciones de 1924, el Partido Fascista se hizo con una buena parte del electorado, en detrimento del Partido Comunista de Gramsci y al PSA. Mussolini tomó el control de la isla, al igual que había hecho en toda Italia. Aunque sus políticas permitieron una mejor explotación de las minas y el desarrollo de los centros urbanos, solo sirvieron para explotar aún más el territorio de Cerdeña y no mejoró en nada la suerte de los campesinos.

## Posguerra

En 1947, Italia acordó un estatus especial para Cerdeña, reconociendo sus particularidades históricas y culturales. A partir de 1948, la nueva «Región Autónoma de Cerdeña» debía enfrentarse al doble desafío de la reconstrucción económica y social de la isla. En 1962, se creó un «plan de reactivación» que preveía una fuerte inversión estatal en diversos sectores de la economía sarda, en particular en la industria, que debía actuar como motor de la economía en su conjunto. Ese mismo año, un consorcio liderado por el millonario Karim Aga Khan inició el desarrollo de la Costa Esmeralda, que marcó el comienzo del turismo en la isla.

## Desde 1970 hasta nuestros días

Los contrastes sociales se hicieron particularmente evidentes en la década de 1970, cuando Italia atravesaba los «años de plomo», marcados por huelgas, manifestaciones y disturbios. En Cerdeña, a

DESCUBRE

*Antigua ciudad de Nora.*

este malestar social se sumaron otras causas específicas: la expansión descontrolada de las zonas urbanas, la degradación del medio ambiente, la crisis minera y el abandono progresivo de este sector, y, en general, la debilidad de la estructura y la economía sarda. La protesta social provocó una oleada de emigración y el recrudecimiento de los secuestros. Fue la época de mayor notoriedad de los bandidos de Orgosolo, popularizados por Vittorio de Seta en su película premiada en el Festival de Venecia de 1961.

Hacia 1985, gracias al impulso económico, se restableció el orden en la isla. La construcción de la Unión Europea también desempeñó un papel importante en los avances económicos y sociales de Cerdeña. Italia participó desde el principio en todas las etapas de la edificación europea: la Comunidad Europea del Carbón y del Acero en 1947, el Tratado de Roma que estableció la CEE en 1957, y el Tratado de Maastricht en 1992, que sentó las bases para la adopción del euro. Sin embargo, la integración europea no significó olvidar las particularidades sardas, y en 1999, el consejo regional de Cerdeña aprobó una ley para defender y promover la lengua y la cultura de la isla. En 2004, el número de provincias sardas aumentó de cuatro (Cagliari, Nuoro, Oristano y Sácer) a ocho, con la creación de nuevas provincias: Ogliastra, Carbonia Iglesias, Olbia Tempio y Medio Campidano. Cerdeña fue elegida como sede de la cumbre internacional del G8 en 2009, planeada en el archipiélago protegido de La Maddalena, en el norte de la isla, aunque finalmente el evento se celebró en L'Aquila. Ese mismo año, la región pasó de un gobierno de izquierdas a uno de derechas tras las elecciones regionales, lo que puso fin a las esperanzas de crecimiento impulsadas por el expresidente Renato Soru, quien no logró convencer tras su primer mandato. Ugo Cappellacci, del PDL (Pueblo de la Libertad), fue elegido presidente de la región.

Los sardos siguen esperando la creación de nuevas infraestructuras y la mejora de las ya existentes. Compartiendo el contexto de crisis en Europa, muchos sardos se manifestaron en 2010, paralizando calles, el transporte público e incluso el aeropuerto de la capital. A pesar de estas movilizaciones, cinco años después, la situación no había mejorado. Por el contrario, tras el cierre de muchas multinacionales (como el grupo estadounidense Alcoa) y el casi completo abandono de la actividad minera, la situación socioeconómica de los trabajadores sardos seguía siendo difícil. Cada vez más jóvenes abandonaban la isla para emigrar hacia el norte de Italia en busca de trabajo y estabilidad económica.

Posteriormente, un consorcio financiero de Catar compró la Costa Esmeralda y adquirió el hospital Mater Olbia con el propósito de transformarlo en uno de los mejores de la isla. En octubre de 2017, Qatar Airways invirtió además el 49 % del capital de AQA Holding, la empresa matriz de la aerolínea italiana Meridiana. Aunque estas inversiones cataríes son criticadas porque, de alguna manera, despojan a los sardos de su control sobre la isla, son las únicas que realmente han revitalizado la economía local. Políticamente, las elecciones regionales de febrero de 2019 marcaron la victoria de la coalición de centro-derecha (47,81 %) frente a la de centro-izquierda (32,93 %). Más allá del triunfo de la alianza entre el partido Forza Italia de Silvio Berlusconi y la Liga de extrema derecha, estas elecciones también destacaron por el colapso del Movimiento 5 Estrellas (M5S).

Las últimas elecciones regionales, celebradas en febrero de 2024, dieron la victoria al partido de centroizquierda liderado por Alessandra Todde, que se convirtió en la primera presidenta de la región. Tras varios años de gobierno de la centroderecha, se esperan importantes cambios en los objetivos políticos y sociales de la Región Autónoma de Cerdeña.

© MARCO ALIEN - SHUTTERSTOCK.COM

*Complejo nurágico de Su Nuraxi.*

# POBLACIÓN

## Demografía

Hoy en día, Cerdeña tiene más de 1,65 millones de habitantes; una cuarta parte de los cuales se concentra en Cagliari. La densidad es de 68,7 habitantes/km². Las condiciones de vida están mejorando y, en consecuencia, la esperanza de vida aumenta considerablemente. De hecho, en la isla hay una concentración *anormalmente* alta de supercentenarios, es decir, personas de más de 110 años. La mayoría son hombres y son objeto de importantes estudios por parte de demógrafos de todo el mundo. Los mayores de 65 años representan una quinta parte de la población y los menores de 15 años, apenas una cuarta parte.

## Idiomas

La lengua oficial es el italiano, pero los sardos hablan su *limba sarda*. Esta es una lengua neolatina derivada de la antigua lengua romana, y no un dialecto del italiano. Lo habla alrededor de un millón de personas, cifra que ha disminuido considerablemente en los últimos veinte años.

## Matrimonio

En Cerdeña, el matrimonio es más que un rito, es un acto sagrado y un fin en sí mismo. Muchas costumbres y supersticiones están relacionadas con este evento. Antiguamente, la víspera de la festividad de San Juan (24 de junio), las jóvenes en edad de casarse colocaban tres habas bajo su almohada: una haba intacta, una medio pelada y una completamente pelada. Por la mañana, al escoger una al azar, la joven podía prever si su futuro esposo sería rico, acomodado o pobre.

La petición de matrimonio y las bodas seguían un proceso muy codificado. El joven pretendiente enviaba a un amigo o pariente para pedir la mano de su amada a su familia. Si la solicitud era aceptada, podía visitarla en su casa, aunque, según la costumbre española, los jóvenes solo podían verse a distancia (ella en el balcón y él en la calle). Los compromisos matrimoniales se hacían públicos durante una ceremonia en la que se decidían la fecha de la boda y la dote de la novia. El día del matrimonio, el novio, acompañado por sus padres y amigos, debía ir a la casa de su prometida y reconocerla entre varias mujeres enmascaradas. Luego, la pareja, seguida de los invitados, se dirigía a la iglesia mientras desde las ventanas les lanzaban granos de cereal como augurio de buena suerte. Después de la ceremonia, tenía lugar un banquete festivo con cantos y danzas tradicionales. La mayoría de estos rituales ya no se practican hoy en día, ya que el vestido blanco y las costumbres continentales han reemplazado en gran medida a las tradiciones sardas. Sin embargo, si desea presenciar una boda tradicional, cada año en septiembre, en Selargius, una pareja local y una pareja extranjera se casan siguiendo el ritual tradicional del matrimonio sardo.

## Papel de la mujer

Pilar de la familia, la mujer es, ante todo, la *mamma,* la madre encargada de la educación de los hijos. También es naturalmente la ama de casa, y tradicionalmente la responsable de la cocina. No obstante, este rol de madre en el hogar está cambiando, y cada vez son más las mujeres que tienen una actividad profesional. Al igual que en el resto de Italia, son las mujeres extranjeras residentes en la isla quienes presentan las tasas de natalidad más altas, con un promedio de dos hijos por mujer.

La transición de una sociedad tradicional, dominada por la figura masculina, a una sociedad contemporánea, caracterizada por una distribución del poder más equilibrado (aunque aún no generalizado) entre hombres y mujeres, ha permitido la aparición de figuras muy interesantes. Sin embargo, ya en el pasado, algunas mujeres alcanzaron el rango de figuras emblemáticas, no solo entre las demás mujeres, sino también entre el pueblo sardo. Es el caso de la española Leonor de Arborea (siglo XIV), quien estableció un código de leyes, la Carta de Logu, primero en su *giudicato* (la región de Oristano) y luego extendido a toda la isla. También cabe mencionar a Grazia Deledda, la única escritora de la isla galardonada con el Premio Nobel, o a Maria Carta y Elena Ledda, quienes lograron, a través de sus canciones, unir las tradiciones melódicas sardas con una sensibilidad creativa femenina.

## Religión

Cerdeña es fervientemente católica. Los sardos practican su religión de forma muy visible y entusiasta, como demuestran las numerosas fiestas y celebraciones religiosas. Cada pueblo tiene al menos una iglesia y un santo patrón. Además de las festividades en honor de estos, se organizan ceremonias en las principales fiestas católicas, como la Pascua (Semana Santa en marzo y abril), la Asunción y el Día de Todos los Santos.

© TRAMONT_ANA - ISTOCKPHOTO

*Fresco de la iglesia de la Santísima Trinidad en Saccargia.*

# ARTE Y CULTURA

## Arquitectura

Numerosas iglesias románicas marcan el paisaje sardo. Aquí y allá se alzan por el campo, muy integradas en el paisaje. A menudo, hay que salir de los pueblos y seguir pequeños caminos rurales para encontrarlas. Las primeras iglesias románicas datan del siglo XI. Entre ellas, se encuentran las iglesias de San Pietro di Bosa y San Michele di Plaiano, pero el ejemplo más grandioso del este estilo es la basílica de San Gavino, en Porto Torres, con su característica nave longitudinal flanqueada por dos naves laterales más bajas. Las iglesias sardas se construyeron siguiendo diversos estilos artísticos, pero la influencia toscana es la dominante y la más claramente visible, con las fachadas decoradas con bandas bicolores. Ejemplos de ello son la famosa iglesia de la Santissima Trinità di Saccargia (finales del siglo XII) y la antigua catedral de Borutta, en San Pietro di Sorres.

## Artesanía

Cerdeña posee una rica y antigua tradición artesana que, aunque marcada por influencias lejanas (prehistóricas, cartaginesa, romana, bizantina, española y genovesa), presenta características propias.

## Joyas

Las joyas sardas como rosarios, pendientes, anillos, pulseras, collares o botones de dos casquetes, símbolos de la feminidad, sirven tradicionalmente para adornar los trajes de fiesta. Durante siglos, los artesanos sardos han trabajado con oro, plata, perlas, nácar, coral y piedras duras. La presencia de minas de plata en el sudoeste de la isla ha favorecido la producción de joyas de filigrana, herencia del período morisco. Si pasa por Alguer, podrá admirar el trabajo del coral, el oro rojo de Cerdeña: los artesanos locales crean maravillas con una extraordinaria finura, originalidad y elegancia.

## Madera

El trabajo de la madera es también una de las tradiciones más arraigadas en Cerdeña, sobre todo en las montañas del centro del país. Las masías más modestas de Barbagia solo contenían los muebles rústicos más elementales. La única excepción a esta sobria regla era la *caxa* o arcón. Sus decoraciones esculpidas, más o menos intrincadas, reflejaban la relativa riqueza de la familia. La talla en madera también se manifestaba en la producción de máscaras de carnaval, sobre todo en Mamoiada y Ottana.

## Cerámica

El arte de la cerámica está íntimamente ligado a la historia y la cultura sardas. Algunos artistas de talento, que trabajan en Cagliari, San Sperate, Selargius, Oristano, Sácer, Olbia, Dorgali y Siniscola (en la provincia de Nuoro), han dado recientemente un nuevo impulso a la cerámica, respetando la tradición de la *figulina* sarda.

## Cestería

La cestería es muy popular en Cerdeña. Destaca el arte del trenzado, que se practica en Castelsardo, Sorso y Sennori (provincia de Sácer), con junco y rafia, y el de Flussio, Ollolai, Olzai y Tinnura (provincia de Nuoro), donde el gamón, la planta más elástica y resistente, se utiliza para hacer *corbule,* cestas con sencillos diseños geométricos y bicolores. Las cestas de Sinai y San Vero Milis se fabrican con una compleja técnica de trenzado en espiral, mientras que sus adornos (telas de algodón bordadas en rojo o negro) se cosen después de tejerlas.

## Cine

Cuando se habla de cine sardo, inmediatamente viene a la mente *Bandidos en Orgosolo,* la película de Vittorio De Seta de 1961 sobre el bandolerismo en Cerdeña, premiada en el Festival de Venecia. Pero no podemos olvidar que De Seta no es un cineasta sardo, sino siciliano, y que ya había realizado tres años antes un documental sobre los pastores de Orgosolo (*Pastori di Orgosolo).*

Más recientemente, a partir de los años 1990, el cine sardo abandonó los temas tradicionales de los pastores y el bandolerismo con Gianfranco Cabiddu, el primer director que abrió el camino. Su película más representativa es *Il Figlio di Bakunìn (El hijo de Bakunin),* de 1997. La historia se basa en la realidad de la minería de Cerdeña y toca los temas centrales de la historia de la región en el siglo XX: el fascismo, las luchas obreras, la ocupación de la tierra en la posguerra y la autonomía. Salvatore Sardu ya abordó

esos mismos temas en varios documentales en los años ochenta, y Pino Adriano lo hizo en los años setenta. Pero Cabiddu, por otro lado, es el primer director que les dedica un largometraje.

Otra película sarda digna de mención es *Ballo a tre passi (Baile a tres pasos),* de Salvatore Mereu. Estrenada en Italia y presentada en el Festival de Venecia de 2003, narra con lirismo la vida de tres personajes en la Cerdeña actual. En 2008, otra película del mismo director se presentó en el Festival de Berlín: *Sonetàula,* que trata del bandolerismo sardo visto a través de los ojos de un niño.

En 2003, se estrenó en Francia otra película rodada en parte en Cerdeña: *Barridos por la marea,* de Guy Ritchie, protagonizada por Madonna, su esposa en aquel momento, es un *remake* de la película italiana de 1974, *Insólita aventura de verano,* de Lina Wertmuller. Y en 2006, Patrice Leconte eligió los bonitos paisajes de Cerdeña para rodar la tercera entrega de *Les Bronzés.* Más recientemente, Leonardo Pieraccioni rodó en Santa Margherita di Pula la comedia *Finalmente la felicità* (2011), una gran producción nacional italiana. Gracias a sus magníficos paisajes, Cerdeña siempre ha atraído a muchos cineastas italianos y extranjeros. En los años sesenta, fue uno de los escenarios preferidos del *spaghetti western,* el cine de vaqueros del que el italiano Sergio Leone fue el principal director. En 1964, Michelangelo Antonioni rodó su primera película en color, *El desierto rojo,* en la playa roja de Budelli. En 1977, Roger Moore interpretó a James Bond en la playa de Cala di Volpe.

▶ **La riqueza de las joyas sardas** presenta un curioso contraste con la vida sencilla de los propios sardos, un contraste que desde el siglo XIX hasta nuestros días sigue asombrando a los visitantes.

▶ **Orfebrería** es una tradición que sigue muy viva. Cada ciudad o provincia tiene su colgante típico, que llevan todas las mujeres de los alrededores y que cuenta parte de sus vidas. Desde los corales y filigranas de Bosa hasta los collares de Dorgali, ¡no faltará donde elegir!

▶ **Los licores** más destacados son el mirto y el Fil'e ferru, el aguardiente típico de Cerdeña. Pero Cerdeña es también tierra de grandes vinos, entre ellos el tinto Nepente que se produce en Oliena, en el corazón de Barbagia. Cuidado con los efectos secundarios, descritos en 1910 por el poeta Gabriele D'Annunzio: «Estoy seguro de que, si bebieras un sorbo, nunca más querrías abandonar la sombra de estas colinas blancas, y querrías vivir como un ermitaño en esas celdas excavadas en la roca que los sardos llaman domus de janas...»

▶ **Pecorino** es el recuerdo gastronómico más característico de la isla, que tiene una población de unos siete millones de ovejas. Existen unas quince variedades, pero el Fiore Sardo es absolutamente el rey de los pecorinos.

▶ **Cuchillos.** En la parte central de Cerdeña, el trabajo del metal sigue muy vivo. Los herreros de Gavoi están especializados en la fabricación de espuelas y bocados (caballo), mientras que los de Pattada fabrican tradicionalmente los mejores cuchillos.

La *sa resolza* es la navaja sarda, típica del antiguo arte de la forja y el grabado. Las forjas más conocidas se encuentran en Pattada, Santu Lussurgiu y Guspini. En general, los objetos de hierro forjado son la especialidad de los maestros de la isla. Pero ¡cuidado! Recuerde que no puede llevárselos en el equipaje de mano

▶ **Productos culinarios típicos.** Las especialidades sardas son tan buenas que pronto querrá llevarse algunas a casa. Vino, por supuesto, pero también especialidades de pasta que no encontrará en ningún otro sitio. Y no olvide traerse las recetas.

© AUTHOR'S IMAGE

© D.SERRA1 · SHUTTERSTOCK.COM

*Traje tradicional.*

# Danza

La danza y la música están estrecha-
mente ligadas en Cerdeña, como se
puede ver en las fiestas de los pueblos
que celebran acontecimientos religiosos
(la fiesta del patrón de la ciudad, por
ejemplo) o pastorales (la llegada de la
primavera, la cosecha, etc.). Uno de los
bailes más populares es el *ballo tondo*:
los músicos o cantantes se sitúan en
el centro de un círculo formado por los
bailarines, que se cogen de las manos
y, prácticamente, solo mueven los pies
dando saltitos, mientras sus torsos
permanecen completamente estáticos.

# Literatura

El imaginario que rodea a Cerdeña es el de
una civilización pastoril, una tierra áspera y
salvaje: pocos ecos literarios llegan de esta
apacible isla. Sin embargo, su patrimonio
cultural, y en particular su literatura, es
asombroso. Los temas de los principales

escritores sardos tienen su origen en la
pasión y la curiosidad por la tierra y la
identidad cultural de la Cerdeña profunda.
En los años ochenta, tres escritores
llamaron la atención de la crítica:
Salvatore Mannuzzu (*Un Dodge a fari
spenti, Procedura*), Sergio Atzeni (*El hijo
de Bakunin, Apologo del giudice bandito,
Bellas mariposas*) y Marcello Fois (*Sempre
Caro, Mejor morir, Memoria del vacío,
Estirpe, Pietro y Paolo, Luz perfecta, El
tiempo de en medio, Decirse adiós...*).
En 2011, Flavio Soriga publicó *Nuraghe
Beach*, un relato apasionado de la
«Cerdeña jamás visitada». Natural de
Uta, Soriga está considerado uno de
los escritores más visionarios de la
Italia actual. A los 36 años, ya había
publicado seis novelas y ganado varios
premios. En 2015, Giuseppe Elia Monni
publicó *Il Corpo della città*, una novela
histórica sobre Cagliari que se desarrolla
en el siglo XVIII, cuando solo unas pocas
familias controlaban la capital sarda.

# Música

Un instrumento polifónico único
simboliza el apego de Cerdeña a la
música: las *launeddas*. La isla ha sabido
conservar la existencia y la práctica de
esta flauta de triple caña con tubos
de distinta longitud y tonalidad. Dos
de ellos tienen agujeros, *sa mancosa
manna* y *sa mancosedda,* mientras
que *su tumbu* es un tubo sin agujeros
que se toca mediante una técnica de
soplido continuo, muy difícil de dominar.
Los sardos siempre han valorado su
patrimonio musical y lo han dado a
conocer grandes artistas como Maria
Carta y el inolvidable Fabrizio De André,
que cantó en dialecto de Gallura una
canción de su álbum *Rimini* (1978).

Los pastores practican desde hace miles de años el canto polifónico. Se trata de una técnica muy extendida en Cerdeña y Córcega, pero prácticamente desconocida en el resto del Mediterráneo. El grupo polifónico sardo por excelencia es Tenores di Bitti. Sin duda, estos deben su reputación a llevar cantando juntos más de veinticinco años, además de haber colaborado con algunos de los nombres más importantes de la música del mundo y el jazz: Peter Gabriel, Frank Zappa, Ornette Coleman, Lester Bowie...

# Pintura y artes gráficas

## Pinturas murales

En la campiña sarda, «las paredes hablan», literalmente. Como una forma popular de expresión artística, los murales han colonizado las fachadas de las casas de pueblos como Orgosolo, San Sperate y Telti, proyectando las imágenes y los símbolos de una cultura propia. Reflejan las esperanzas, temores y deseos de una comunidad que, en algún momento de su historia, llegó a sentirse excluida del mundo exterior.

## Grandes pintores sardos

Los grandes nombres de la pintura sarda son Antonio Ballero (pintor y escritor, 1864-1932), Giuseppe Biasi (1885-1945), Pietro Cavaro (pintor del siglo XVI y máximo exponente de la Scuola di Stampace) y Mario Delitala (1887-1990), Stanis Dessy (acuarelista, xilógrafo y artista gráfico), Filippo Figari (1885-1974), Pietro Antonio Manca (1892-1975), Felice Melis Marini (1871-1953), Giacinto Satta (pintor y escritor, 1851-1912) y Tarquinio Sini (artista gráfico y caricaturista, 1891-1943).

# Escultura

Los primeros ejemplos de escultura en Cerdeña se remontan al neolítico. Se trata de pequeñas estatuas que representan a la diosa madre y menhires o bajorrelieves que representan cabezas de toro en los domus de janas, las «casas de las brujas», que se encuentran por toda la isla.

Las primeras obras realizadas por artistas de renombre se remontan al siglo XIV, con las esculturas de metal y madera de Nino Pisano.

La talla de madera se desarrolla a partir del siglo XVIII, con los maestros de Sassari, Antonio Sanna y Francesco Carta. En el siglo XIX, Antonio Cano y Andrea Galassi fueron los escultores más apreciados de la isla. Un siglo más tarde, Francesco Ciusa fue el primer escultor sardo que se expuso en la Biennale di Venezia y Costantino Nivola formó parte de los principales representantes del arcaísmo expresionista.

© LAURENT PIERSON

*Murales en Orgosolo.*

# FIESTAS

## Enero

### ■ SANT'ANTONIO ABATE

*En las montañas de Barbagia y de la Baronia, y en la costa este. Segundo fin de semana de enero.*

Esta fiesta se celebra en toda la isla a principios de enero, pero tiene un ambiente especial en las montañas de Barbagia y de la Baronia. Se celebra en honor de san Antonio Abad, quien, según la leyenda, robó el fuego del inframundo para dárselo a la humanidad. En todos los pueblos se encienden hogueras en honor de este Prometeo sardo. A la ceremonia religiosa le sigue una fiesta popular con cantos y bailes. En algunos pueblos, se convierte incluso en un rito de iniciación para los jóvenes. La gente come su *pistiddu,* un pastel preparado para la ocasión.

### ■ SARTIGLIA

Piazza Eleonora
ORISTANO
✆ +39 078 33 03 159
www.sartiglia.org
info@sartiglia.info

En Oristano, el final del carnaval adquiere un color especial. Organizada por los *gremi,* las corporaciones de carpinteros y agricultores, la Sartiglia mezcla elementos del repertorio folclórico. La fiesta comienza con una proclamación leída en español en la *Piazza Eleonora.* Continúa con el vestido del *componidori,* un caballero ataviado como un noble español por jóvenes mujeres con trajes tradicionales sardos. La multitud lo espera en la *Via Duomo* para presenciar la *sortija:* el caballero, lanzado al galope, debe atravesar con su lanza un anillo colocado en su recorrido.

© HUGO CANABI - ICONOTEC

*Carnaval de Tempio Pausania.*

# Febrero

Es el mes del carnaval, un acontecimiento importante en el folclore sardo. Es cierto que el aspecto religioso se ha ido borrando poco a poco de las fiestas: al final, las máscaras, los bailes y las abundantes comilonas siempre toman el relevo. El Carnaval comienza tradicionalmente el 17 de enero, al día siguiente de la fiesta de San Antonio Abad y termina el miércoles de Ceniza o Miércoles Santo.

■ **CARNAVAL DE TEMPIO PAUSANIA**
www.carnevaletempiese.it
Esta celebración tiene muchas caras en Cerdeña; de hecho, se puede decir que hay un carnaval para cada uno. También, como en España, existen platos y dulces propios de esta fiesta, como el *pistiddu* y *coccone*, habas y tocino o el *zeppole*. El *Carrasciali Timpiesu*, o Carnaval de Tempio, se remonta, probablemente a la época prerrománica, ya que aparece la figura de Giorgio, una divinidad a la que se hacían sacrificios por la ayuda recibida. Este personaje, convertido ahora en rey, es la figura central y representa todos los sufrimientos de la ciudad y de la vida. El rey es vitoreado y aclamado, y finalmente juzgado y quemado públicamente como culpable de todo. Entre las tradiciones del Carnaval de Tiempo se mantiene el *Lu Palu di la frisjola*, una carrera de caballos en la que los jinetes tienen que coger al galope una *frittella*, dulce típico del carnaval de Tempio y de toda Cerdeña.

# Junio

Con la llegada del verano, aumenta el número de fiestas. Suelen ser fiestas de pueblo, donde la gente se reúne, come, canta y baila. El 24 de junio, día de San Juan, se encienden hogueras llamadas *lampadas* en toda Cerdeña. La fiesta de Santa Caterina de Orroli (primer domingo de junio) consiste en una procesión disfrazada con la presencia de *tracca*, carros agrícolas tirados por bueyes. En Fonni, la fiesta de la Virgen de los Mártires se acompaña de un concurso de poesía en lengua sarda. En San Vero Milis (Santa Sofía) y San Vito (15 de junio) se interpretan música y danzas típicas.

# Agosto

■ **FIESTA DEL REDENTOR**
NUORO
Esta fiesta tan popular reúne a miles de personas que, ataviadas con sus mejores trajes tradicionales, procesionan por las calles de Nuoro hasta el monte Ortobene, donde se alza la imponente estatua de bronce del Cristo Redentor. Al mismo tiempo, otra procesión parte de la iglesia de Delle Grazie y converge en el mismo punto. Toda la procesión se realiza al son de *launeddas* y canciones populares. Por la noche, los mejores bailarines de la isla interpretan un *ballo tondo*, danza tradicional, en el anfiteatro del pueblo.

# Septiembre

Septiembre se conoce en sardo como *cabudanni*, que procede del latín *caput anni* (el comienzo del año) y significa, por tanto, el inicio de la trashumancia para los pastores y el comienzo del nuevo año agrícola. Las numerosas fiestas que se celebraban durante el mes eran una oportunidad para dar gracias a Dios por la cosecha y pedir agua y sol, garantías de una cosecha abundante para el nuevo año.

## Productos y especialidades

### Antipasti

Los *antipasti* son un surtido de entrantes, servidos en pequeñas cantidades, que varían de una región a otra. En las zonas de costa, por ejemplo, los entrantes incluyen calamares y pulpo en aceite de oliva y pescado ahumado, mientras que en el interior se sirven embutidos locales con alcachofas, calabacines y berenjenas marinados en aceite de oliva o a la plancha, setas y espinacas salteadas, buñuelos rellenos o *mousse* de ricotta en salsa de tomate.

### Primi piatti

Lo más habitual es un plato de pasta o risotto, pero Cerdeña no se contenta con copiar a Italia y tiene sus propias especialidades de exquisito sabor.

▶ ***Culurgiones di patate.*** Esta especialidad de Cagliari se elabora con deliciosos raviolis de patata, aderezados con menta fresca y servidos con salsa de tomate, ricotta y albahaca.

▶ ***Fregola.*** Estas bolitas de sémola enrolladas a mano y tostadas al horno se sirven en caldo con pequeños moluscos, como almejas (*arselle*).

▶ ***Malloreddus.*** Son los típicos ñoquis sardos, hechos a mano con harina de salvado, agua y sal. Los *malloreddus* se pueden colorear naturalmente de amarillo con azafrán, verde con espinacas o rojo con tomate. ¡Son muy sabrosos! En el sur de la isla, se sirven con taquitos de salchicha sarda y salsa de tomate.

▶ ***Pane frattau.*** Este plato tradicional era considerado el plato de los pobres, preparado con *pane carasau*, el «pan de los pobres». Se sumergen varias rebanadas de *pane carasau* rápidamente en agua salada y se cubren con salsa de tomate y queso pecorino. Encima de la salsa se coloca un huevo escalfado, que se aplasta al cerrar el *pane carasau*. Este plato se sirve principalmente en el centro y el norte de la isla.

▶ ***Espaguetis con bottarga.*** La *bottarga* tiene fama de ser el caviar de Cerdeña. Estas huevas de mújol secas y luego ahumadas, procedentes de la región de Oristano, combinan muy bien con los espaguetis, cuyo sabor se realza con aceite de oliva y perejil.
La *bottarga* también puede mezclarse con tomates, alcachofas y setas. Por último, también puede comerse entera, cortada en pequeñas rodajas y aliñada con el mejor aceite local, o rallada fresca sobre espaguetis.

▶ ***Zuppa gallurese.*** Sopa hecha con pan duro, caldo de carne y queso fresco. Una especialidad del norte de Cerdeña.

### Segondi piatti

Después de los *primi piatti*, le servirán un plato de carne o pescado.

▶ **Langosta a la catalana.** En la región de Alguer, el bogavante se cocina de forma sencilla, con una salsa de aceite de oliva y tomates frescos.

▶ *Porceddu.* Es la gran especialidad de Cerdeña. Estos pequeños cochinillos se asan al fuego y se aromatizan con hojas de mirto silvestre. En algunos restaurantes y en muchas alojamientos rurales, asan estos cochinillos a la vista del público.

▶ **El pescado** es excelente en la costa, a menudo servido a la plancha o cocinado con patatas o setas. Es costumbre mostrar el pescado fresco en la mesa antes de cocinarlo.

## Dolci sardi

Cada región elabora sus propios dulces siguiendo sus propias recetas. Su esmerada decoración muestra el cuidado puesto en su elaboración.

▶ **Originarios de Oristano, los** *amaretti* son pasteles secos elaborados a base de almendras que se toman con café o licores.

© KUVONA - SHUTTERSTOCK.COM

*Fregula al pesto.*

▶ **Los** *guelfos* son dulces de miel y azúcar que se elaboran para bautizos y bodas, al igual que los *coros,* con forma de corazones y cuidadosamente decorados.

▶ **Los** *candelaus,* de mazapán recubierto de azúcar, se sirven envueltos en papel de caramelo.

▶ **Las** *s'aranzada*, típicas de la región de Nuoro, combinan almendras, miel y piel de naranja confitada.

▶ *Pistiddu* son tartas rellenas de ralladura de naranja y mermelada de uva. Tradicionalmente se toman en enero durante las fiestas de San Antonio.

▶ *Sas orillettas* son rosquillas fritas recubiertas de azúcar y miel, elaboradas durante el carnaval en la región de Nuoro.

▶ **Las** *casadinas* **o** *pardulas*, elaboradas con requesón, huevos y azafrán, son pasteles típicos de Pascua, mientras que las *pabassinas* (o *papassinas*, como se conocen en Nuoro), hechas con huevos, pasas y nueces, son galletas navideñas.

▶ **El** *Torrone* **de Tonara** es el *turrón* de Cerdeña, hecho con avellanas y fruta confitada.

▶ **Las** *caschettes,* de Barbagia, son rosquillas rellenas de almendras y piel de naranja rallada. Se regalan a la novia el día de su boda.

▶ **Los** *gueffus* **o** *suspirus,* especialidad de Ozieri, son bolas de almendras y azahar.

▶ **Las** *seadas* **o** *sebada* son el postre más popular: buñuelos rellenos de queso fresco (pecorino), que se sirven calientes, aromatizados con piel de naranja y cubiertos de miel.

DESCUBRE

# Bebidas

## Vinos tintos

▶ **La cannonau** es la variedad de uva más utilizada en Cerdeña. Representa más del 20 % de los viñedos de la isla y el 50 % en la región de Nuoro. Se cultiva principalmente en las zonas centrales. Su sabor cálido y su retrogusto recuerdan el dulzor amargo del chocolate.

▶ **La carignano** es la tercera uva negra más importante en términos de producción. Esta variedad de uva solo se encuentra en la región de Sulcis, en las islas de Sant'Antioco y San Pietro, y ostenta la DOC Carignano de Sulcis (11,5°) desde 1977.

▶ **La monica** es la variedad más cultivada después de la *cannonau*. Se planta en suelos profundos, medianamente calcáreos, situados a media ladera y bien expuestos al sol. Su sabor es suave y delicado.

## Vinos blancos

▶ **El nuragus** es el vino blanco con mayor producción, que se cultiva en las regiones de Cagliari y Oristano. Su nombre procede de su ubicación cerca de los nuragas, y a menudo se le llama *burda,* que significa «salvaje». Produce vinos intensos, afrutados y floridos.

▶ **El vermentino** se cultiva en Gallura, en suelos graníticos, pero se importó de España. Existen dos versiones de Vermentino DOC: vermentino di Gallura, de color pajizo, intenso y floral, y el vermentino di Sardegna, más claro.

▶ **La vernaccia** se cultiva en la región de Oristano, en el valle del Tirso. Su producción es bastante limitada, y este vino se considera como la gloria del país, ya que representa el vínculo de la amistad. Se bebe en fiestas y ferias.

▶ **Malvasia,** el *nasco* y el *moscato* son los moscateles de Cerdeña. Cultivados entre Cagliari y Nuoro, son las joyas de la enología insular. El *nasco* es la única variedad autóctona de la isla, y su producción es limitada.

## Licores

▶ **El alcohol de mirto** es una tradición típicamente sarda. Se destila a partir de las bayas de este matorral, presente en toda Cerdeña, y tiene una graduación alcohólica de 30-35°. Si le invitan a una familia sarda, seguro que al final de la comida le servirán un vasito de *mirto,* normalmente helado.

▶ **El licor de Villacidro** también es característico por su aroma a limón.

▶ **La *grappa,*** el aguardiente tradicional, se aromatiza con hierbas. Es el acompañamiento natural de una buena comida.

▶ **Los destilados de madroño** son secos y austeros, y el más conocido, a veces cortado con hinojo, se llama *filu e ferru:* un producto típico de la campiña que rodea Oristano y parte de Barbagia. Generalmente tiene una graduación alcohólica de unos 40°, pero cuando se elabora en casa puede alcanzar los 70°.

# Hábitos alimenticios

Como en Italia, la cena sarda se divide en tres partes: *antipasti, primi piatti* y *secondi piatti.* Se pueden probar menús típicamente sardos en numerosos alojamientos rurales que sirven sus propios productos.

# DEPORTES Y OCIO

Cerdeña es una apasionada de los grandes deportes de equipo (fútbol, rugby, baloncesto), pero también del ciclismo y el automovilismo. Cerdeña tiene un club de fútbol que juega al más alto nivel, en la Serie A: el Cagliari Calcio, fundado en 1920 (ganó el campeonato italiano en 1970). En cuanto a actividades, el mar es un gran patio de recreo: vela, submarinismo, windsurf, kitesurf, surf, wakeboard y kayak son las principales actividades. En tierra, podrá descubrir la naturaleza de Cerdeña con zapatillas de senderismo o escalada, pero también a caballo, en bicicleta, quad o moto.

## Equitación

La equitación es muy popular en Cerdeña, donde encontrará unos 70 centros ecuestres. Montar a caballo es una estupenda manera de descubrir lugares de difícil acceso a pie, combinando el deporte con el respeto por la naturaleza.

## Golf

Cerdeña cuenta con algunos de los campos de golf más prestigiosos del mundo, como el Pevero Golf Club, en la Costa Esmeralda.

## Buceo

Los fondos marinos ofrecen una visión completamente distinta de la isla, silenciosa y fascinante. La fauna y la flora están muy bien conservadas. Los submarinistas experimentados pueden hacer inmersiones muy interesantes en las que descubrir pecios y restos de civilizaciones desaparecidas. Su infraestructura es excelente: unos 85 centros de buceo, repartidos por toda la isla y abiertos en su mayoría de abril a octubre, permiten explorar este magnífico acuario natural. El archipiélago de La Maddalena es seguramente uno de los mejores lugares para bucear.

## Vela

Cerdeña es una de las capitales europeas de las regatas. Las aguas que rodean el archipiélago de La Maddalena son las más populares entre los aficionados, pero es en la Costa Esmeralda donde se celebran las competiciones internacionales. Atracar un barco en los puertos de la isla puede resultar muy caro. Por lo que quizás resulte mejor alquilarlo allí mismo.

## Bicicleta

Las regiones de Alguer y Capo Caccia, con sus estrechas carreteras bordeadas de adelfas y bonitos paisajes costeros, pueden visitarse en pocos días. La península de Sinis, alrededor de Oristano, también es un lugar ideal para los ciclistas, allí pueden recorrer marismas y estanques, descubrir la ciudad fenicia de Tharros y pasear por las playas de arena blanca de Is Arutas. Y sin olvidar el Parque de la Giara di Gesturi. Las regiones de Gallura y Barbagia, así como los alrededores de Iglesias, ofrecen también interesantes rutas de bicicleta de montaña.

## Paolo Fresu

Nacido en Berchidda (Sácer) en 1961, Fresu es uno de los mejores trompetistas de jazz de Italia, y goza de fama internacional. Ha ganado los más prestigiosos premios internacionales de jazz por sus composiciones y arreglos, y es miembro de los Top Jazz Pools. Todos los veranos, en agosto, Fresu organiza en Berchidda, su ciudad natal, el prestigioso festival Time in Jazz, acontecimiento que reúne a los mejores músicos de este género de todo el mundo.

## Maria Lai

Maria Lai es natural de Ulassai, un bonito pueblo de montaña de la provincia de Ogliastra, donde nació en 1919. Maria Lai perfeccionó su talento artístico entre Roma, Venecia y Cagliari. Colaboró en numerosas ocasiones con algunos de los más grandes artistas de su época, como Arturo Martini, Alberto Viani, Foiso Fois, Giuseppe Dessi y muchos otros. Su obra (pintura, poesía, etc.) se ha expuesto —y se sigue exponiendo— en todo el mundo. Considerada una artista importante en la cultura sarda e italiana, fue la artífice de la creación de la fundación Stazione dell'Arte en Ulassai, que desde 2006 acoge diversas exposiciones de artistas de la región. Murió en Cardedu en abril de 2013.

## Caterina Murino

Nacida en Cagliari, Caterina Murino es actriz, modelo y *showgirl*. En 1996 quedó en cuarta posición en el concurso de Miss Italia. Tras trabajar en algunos de los programas de televisión más populares de Italia, inició su carrera como actriz en 2000 con la película *Miss Italia,* del director italiano Dino Risi. En 2004, gracias a la película *El archivo corso,* se hizo más famosa en Francia que en Italia. Consiguió un papel en la película *Los bronceados 3: Amigos de por vida* (2006). En 2006, fue la chica James Bond en la película *Casino Royale.* Caterina Murino también participó en la serie argentina *Vientos de agua,* dirigida por Juan José Campanella. Más recientemente, en 2022, está en el elenco de la película *Veneciafrenia,* de Álex de la Iglesia.

## Pinuccio Sciola

Nacido en San Sperate en 1942, este escultor también fue conocido por su labor de promoción y apoyo al arte de los *murales,* las «pinturas murales» que decoran las fachadas de los edificios en las calles de algunos pueblos y ciudades de Cerdeña. Y es en gran parte gracias a él que su pueblo de San Sperate se ha hecho famoso por sus fachadas pintadas. Falleció el 13 de mayo de 2016.

## Gianfranco Zola

El orgullo del fútbol sardo. Nacido en Oliena, comenzó su carrera en clubes sardos antes de debutar en la Serie A con el Nápoles en 1989. Fue en el Parma, a partir de 1993, donde Zola alcanzó su plenitud. Recién ascendido a la Serie

A, fue el hombre que ayudó al club a convertirse en un gran equipo y a ganar la Copa de la UEFA. En 1996, Zola fichó por el Chelsea, donde disfrutó de seis temporadas excepcionales. Terminó su carrera en el principal club de Cerdeña, el Cagliari. En 2008, emprendió una nueva carrera, esta vez como entrenador. Tras entrenar al Watford inglés, fue nombrado entrenador del Cagliari a principios de 2015, antes de pasar a entrenar al Al-Arabi SC de Doha. En 2018-2019, fue ayudante de Maurizio Sarri en el Chelsea antes de abandonar Londres a principios de verano.

## Grazia Deledda

Nacida en Nuoro en septiembre de 1871, no estaba realmente destinada a convertirse en novelista, ya que en esta zona remota, casi aislada del mundo, las niñas no solían tener la suerte de poder continuar sus estudios, situación que sus padres remediaron confiando su educación a un pariente. Comenzó a publicar en revistas cuando apenas era mayor de edad, despertando de nuevo la desaprobación popular, que no obstaculizó su vocación, pero la obligó a utilizar seudónimos. Acabó abandonando este mundo restringido —el que aún sentía nostalgia y que no dejó de retratar en sus numerosas novelas y relatos— del brazo de su marido, con el que se instaló en Roma, y fue él quien puso en pausa su propia carrera para promover la de su esposa. La obra maestra de Grazia Deledda es sin duda *Elias Portolu* (1903). Trata de un hombre que se enamora de su cuñada y decide tomar los hábitos como forma de redención, pero cuando su hermano muere, surge un dilema... Explorando los caminos del naturalismo, Grazia Deledda se lanzó entonces a explorar los recovecos de la psique humana. La muerte le arrebató la vida en 1936, justo cuando había decidido escribir sobre su infancia... Antes, en 1926, recibía el Premio Nobel de Literatura.

Si se quiere profundizar en el conocimiento de Cerdeña, por suerte, la mayoría de las obras de Grazia Deledda han sido traducidas al español.

# VISITA

*Bastión de Saint Remy, en Cagliari.*
© ALXPIN - ISTOCKPHOTO

# REGIÓN DE CAGLIARI

La provincia de Cagliari se extiende desde Capo Teulada hasta Capo Carbonara, cerca de Villasimius. Esta región, centrada en la encantadora capital sarda, cuenta con magníficas playas que salpican todo el litoral. De gran belleza, algunas de estas playas despliegan su arena blanca a lo largo de kilómetros. Desde Capo Teulada hasta Cagliari, la costa sur está formada por largas extensiones de fina arena blanca, entre las que destaca la playa de Chia, coronada por una hermosa torre española, que es una de las más populares de la isla. La carretera panorámica de Capo Teulada a Chia es una maravilla y consigue que en cualquier momento apetezca zambullirse en el mar turquesa.

El sur está dominado por su bonita capital, Cagliari. Extendida sobre varias colinas que dominan el mar, esta bonita ciudad ha aprovechado su posición estratégica para desarrollar una floreciente actividad comercial y marítima. Cagliari es tanto una localidad de descanso (sus playas, en particular la del Poetto, hacen las delicias de los bañistas durante todo el año) como una ciudad cultural y de ocio. Numerosos monumentos muestran las sucesivas etapas arquitectónicas de la historia sarda, desde el anfiteatro romano hasta las iglesias y otros edificios repartidos por sus distintos barrios. El casco antiguo amurallado es pintoresco, mientras que la ciudad moderna es cosmopolita y animada. Sin duda, merece la pena pasar un tiempo en esta animada localidad, recorriendo sus callejuelas o paseando entre las terrazas de los cafés.

## CAGLIARI ★★★★

La capital de Cerdeña se extiende sobre varias colinas que se sumergen en el mar para formar la «bahía de los Ángeles», lo que llevó al novelista inglés D. H. Lawrence a describirla como «una joya que se abre inesperadamente, como una rosa, en las profundidades de la inmensa bahía» (*Cerdeña y el mar*, publicada por Alhenamedia). La blanca Karalis, como la llamaban los fenicios, es realmente digna de admiración. Este nombre, que deriva de *kar* (que significa «piedra» en cartaginés), parece referirse a la piedra caliza blanca que se encuentra en las canteras cercanas y con la que se construyeron la mayoría de los edificios de la ciudad.

### Castello

Este es el caso antiguo de Cagliari, encaramado a un peñasco rocoso y sólidamente fortificado. Solo se puede acceder a él a través de las puertas que atraviesan las murallas. Unos ingeniosos ascensores panorámicos suben y bajan a la parte baja de la ciudad. La vía Alberto La Marmora es la calle principal de la parte alta, repleta de galerías y tiendas de antigüedades.

# COSTA DE CAGLIARI

*Cagliari.*

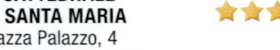

## ■ BASTIONE DI SAINT REMY
Plaza Costituzione
Este monumento emblemático de Cagliari forma parte de su historia reciente. Se construyó en piedra caliza blanca entre 1899 y 1920 para unir las partes alta y baja de la ciudad. Su escalera monumental y su terraza panorámica ofrecen magníficas vistas de la ciudad. Es uno de los ejemplos más representativos de las obras emprendidas a finales del siglo XIX por Ottone Bacaredda para modernizar la ciudad. En nuestra última visita, los ascensores que dan acceso a la parte superior del edificio no funcionaban.

## ■ CATTEDRALE DI SANTA MARIA
Piazza Palazzo, 4
℗ +39 070 663 837
www.duomodicagliari.it
cattedraledica@tiscali.it
La catedral, construida por los pisanos entre los siglos XII y XIII, es una mezcla de diferentes estilos arquitectónicos: la fachada, decorada con mosaicos, es románico-pisana, mientras que el interior es más barroco. Destaca el púlpito, esculpido entre 1159 y 1162 por el maestro Guglielmo. En la cripta bajo el altar se encuentran los restos de los 179 mártires de Cagliari y las tumbas de la familia de la Casa de Saboya.

▶ **El Museo del Duomo** alberga los tesoros de la catedral, entre los que destaca el tríptico de Clemente VII, realizado a finales del siglo XV.

▶ **En la Piazza Palazzo,** hay dos edificios históricos: el palacio Episcopal y el palacio del Virrey, residencia de Carlo Felice a principios del siglo XIX.

## ■ GALLERIA COMUNALE D'ARTE
Largo Giuseppe Dessì
Dentro de jardines públicos
℗ +39 070 6777 598
sistemamuseale.museicivicicagliari.it
Este elegante edificio del siglo XVIII alberga el legado donado por los herederos del coleccionista Francesco Paolo Ingrao. Las salas palaciegas reúnen quinientas obras de los siglos XIX y XX de famosos artistas: Boccioni, Balla, Depero, Morandi, Severini y De Pisis. «Las salas del coleccionista», en la planta baja, contienen más obras: pinturas, dibujos, tallas y bronces, todas ellas dispuestas en un fascinante desorden.

## ■ GIARDINI PUBBLICI
Largo Giuseppe Dessì
Es un lugar muy tranquilo, con hermosas vistas sobre la capital. Situado justo detrás del barrio de los museos, a las afueras del Castello, el entorno es perfecto para descansar tras largas horas entre exposiciones. Una gran

**CAGLIARI**

*PORTO DI CAGLIARI*

| | Oficina de turismo |
| | Catedral o iglesia |
| | Monumento o punto de interés |

0    200 m

avenida arbolada, fuentes, césped y bancos permiten a los visitantes pasear o relajarse a la sombra de un árbol. En el interior de estos jardines públicos se encuentra un encantador palacete que alberga la Galeria Municipal de Arte Moderno (*Galleria Comunale d'Arte Moderna*).

### ■ MUSEO ARCHEOLOGICO NAZIONALE ⭐⭐

Cittadella dei Musei
Piazza Arsenale, 1
℗ +39 070 6051 8245

En cuatro plantas, el museo expone una rica colección de objetos representativos de diferentes culturas. Aquellos con prisa apreciarán la planta baja, que reúne descubrimientos arqueológicos que datan desde el Neolítico Temprano hasta la Alta Edad Media. Los que dispongan de más tiempo podrán explorar con más detalle los tesoros de las tres plantas superiores del museo, donde se agrupan geográfica-

mente los resultados de las excavaciones realizadas en las provincias de Cagliari, Nuoro y Oristano. No se pierda la impresionante colección de figurillas nurágicas ni la no menos admirable colección de joyas cartaginesas.

### ■ PINACOTECA NAZIONALE ⭐

Cittadella dei Musei
Piazza Arsenale, 1
℗ +39 070 66 24 96

Aunque de ámbito nacional, este museo se centra en la pintura sarda. Ofrece una interesante visión pictórica, que incluye una colección de retablos de los siglos XV y XVI importados de España y reproducidos en Cerdeña por artistas, en su mayoría, anónimos. Destacan las obras de Pietro Cavaro, que inauguró un estilo conocido como «Escuela de Stampace». La mayor parte del arte producido en los siglos XVII y XVIII era importado, mientras que los lienzos del siglo XIX están firmados por pintores locales.

### ■ TORRE DELL'ELEFANTE ⭐

Via Università
℗ +39 3662 562 826
www.beniculturalicagliari.it
info@beniculturalicagliari.it

También visible desde la via Santa Croce, fue construida por los pisanos en 1307. Su nombre procede del pequeño elefante de piedra tallado en su fachada. Bajo el dominio español, las cabezas de los criminales ejecutados se colgaban del portón de la torre. A medida que las prácticas barbáricas fueron decayendo, en el siglo XIX la torre se convirtió en una prisión para presos políticos.

▶ **Pase por debajo de la torre** y tome la Via Università: caminará por delante de la universidad (n.º 32), parte del complejo

*Museo Archeologico Nazionale.*

construido a finales del siglo XVIII bajo el reinado de Carlos Manuel III, que incluye también el Seminario Tridento y el teatro.

### ■ VIA SANTA CROCE

Cerca de las murallas de la ciudad, la calle ofrece una hermosa vista del oeste de Cagliari. Es especialmente agradable pasear por ella de noche, aprovechando para parar en uno de sus cafés. Esta calle fue en su día el corazón del gueto judío. Una visita obligada.

## La Marina

El barrio de la Marina es uno de los más animados de Cagliari. Se extiende al pie del Castello y es el verdadero corazón de la ciudad moderna. De calles tranquilas y agradables, son especialmente bonitas las que discurren al pie de las murallas. La Via Roma, con sus característicos soportales justo frente al puerto, es un espacio emblemático de la localidad.

### ■ AREA ARCHEOLOGICA DI SANT'EULALIA

Vico Collegio, 2
☎ +39 070 66 37 24
Descubierta por casualidad en 1990 durante las obras de restauración de la iglesia de Santa Eulalia, esta zona arqueológica, a la que se accede a través de la basílica, contiene restos de asentamientos romanos, medievales y modernos. Las excavaciones han sacado a la luz las capas de asentamientos humanos de distintas épocas que han pasado por la ciudad, entre cuyos restos se puede pasear. Entre los elementos más asombrosos se encuentra una calle empedrada de trece metros que data del siglo V, donde aún pueden verse las huellas de los carros que pasaban. También se han encontrado un templo,

estatuas y monedas del siglo III a. C. La visita comienza en un búnker donde los cagliaritanos se escondieron durante los bombardeos de la Segunda Guerra Mundial. La cripta de Santa Restituta, bajo la iglesia, data de 1600. La entrada está en la Via Sant'Efisio, 14, en el barrio de Stampace.

## Stampace

Al suroeste del Castello, Stampace es el otro barrio principal del centro moderno y uno de los más encantadores de la ciudad. Todo Cagliari se concentra alrededor de la Piazza Yenne para las salidas nocturnas. Las plazas y calles arboladas, con sus palmeras y quioscos, tienen un aire muy mediterráneo. Es un lugar agradable para pasear y contemplar la bonita arquitectura, con el Castello como telón de fondo.

### ■ ANFITEATRO ROMANO

Via Sant'Ignazio
☎ +39 366 256 2826
www.beniculturalicagliari.it
info@beniculturalicagliari.it
Este anfiteatro elíptico data del siglo II d. C. Sus gradas, con capacidad para dos mil personas, aún pueden verse, al igual que la *cavea* (foso de las fieras). Entre los años 2000 y 2010, esta soberbia estructura se usó en verano para eventos culturales excepcionales. Por encima del anfiteatro se extiende el Viale Buoncamino, un paseo muy agradable.

## Villanova

Al este del Castello, el barrio de Villanova solía ser la zona más rural de la ciudad. Hoy en día es un barrio acomodado, con elegantes avenidas arboladas y hermosas tiendas.

VISITA

# ▪ ALREDEDORES DE CAGLIARI ▪

## SAN SPERATE

Situada a diez minutos de Cagliari, San Sperate es una agradable localidad de unos 7000 habitantes. Cuenta con un bonito centro lleno de murales. Fue uno de los primeros pueblos de Cerdeña en contar con este tipo de pinturas, antes que otras localidades como Orgosolo. Aquí vivió el famoso escultor Pinuccio Sciola, y hay un museo al aire libre donde se puede descubrir la impresionante obra de este artista, que es el único escultor especialista en piedras musicales del mundo.

■ **MUSEO PINUCCIO SCIOLA – GIARDINO SONORO** ★★★
Via Marongiu, 21
✆ +39 349 143 7709
www.fondazionesciola.it
info@fondazionesciola.it
Pinuccio Sciola, originario de San Sperate, es uno de los artistas más conocidos de Cerdeña. Famoso por sus *Pietre Sonore,* sus esculturas resuenan al tacto. Declaró: «No es mi música lo que se oye, es un sonido que viene de dentro.» Es una experiencia casi mística escuchar los sonidos de estos menhires de piedra caliza y basalto en el *Giardino Sonoro,* donde se realizan visitas guiadas y una demostración musical. Es un lugar único de visita obligada.

## GONNOSFANADIGA

Se alza en la vertiente oriental del Monte Linas, que engloba las montañas de Linas, Marganai, Oridda y Monti Mannu. Los orígenes de Gonnosfanadiga se remontan a hace unos 7000 años, cuando los primeros habitantes del neolítico se asentaron en Cerdeña. El pueblo cuenta con algunas iglesias muy bonitas: Santa Bárbara, Sant'Elia, Sant'Efisio, el Sacro Cuore y la más reciente dedicada a la Virgen María de Lourdes. El casco antiguo es ideal para pasear y degustar platos típicos *campidanos*.
Por último, las fiestas del pan (octubre) y de la aceituna (noviembre) cuentan con abundantes espectáculos tradicionales y degustaciones de productos locales.

## SANLURI

Sanluri (8500 habitantes) es la capital de la nueva provincia de Medio Campidano y la ciudad natal de Renato Soru, expresidente de la región y diputado al Parlamento Europeo desde 2014. Es una pequeña ciudad con numerosos puntos de interés arquitectónico y artístico, como el castillo de Eleonora d'Arborea, la iglesia de Santa Maria delle Grazie y el convento de los capuchinos con su Museo Etnográfico. Muy cerca, en plena llanura del Campidano, se recomienda visitar el pueblo de Sardara, que también es un centro termal, y los paisajes de la Marmilla.

■ **CASTELLO D'ELEONORA D'ARBOREA** ★★
Via Generale Nino Villasanta
✆ +39 070 930 7105
www.castellosanluri.it
castellodisanluri11@tiscali.it
Conocido como el castillo de Leonor de Arborea, nadie sabe si la fortaleza de Sanluri llegó nunca a acoger a la juez (reina). Sin embargo, situado en el límite de los juzgados de Arborea y Cagliari, su ubicación estratégica ha sido codiciada

© MARM081 - ISTOCKPHOTO

*Sanluri.*

durante mucho tiempo. La primera construcción data del siglo XII. Las cuatro torres cuadrangulares se añadieron en el siglo XIV. El castillo es famoso por la batalla que tuvo lugar aquí el 30 de junio de 1409: los soldados de Sanluri fueron capturados, y entre ellos se encontraba una bella joven de la que se enamoró Martín I de Sicilia. Cuenta la leyenda que el rey y la chica se enamoraron apasionadamente en la fortaleza de Sanluri durante apenas un mes, hasta la sorprendente muerte del rey el 25 de julio de 1409. Abandonado durante años, en 1927, el conde Nino Villasanta adquirió el castillo para reformarlo y transformarlo en residencia y museo. Las salas abiertas al público están divididas en cuatro áreas de temáticas distintas. Dos de ellas están dedicadas a las guerras mundiales, la campaña de África y el fascismo. La tercera expone una asombrosa colección de estatuillas de cera, las más antiguas de las cuales datan del Renacimiento florentino. La cuarta aborda la historia de

la región, con pinturas y esculturas que datan del siglo XVI. Se entra por el patio principal, que da a una escalera monumental. De los 88 castillos medievales de Cerdeña, este es el único aún habitable.

 **PARCO GENNA MARIA** ★★
Piazza Costituzione, 4
Villanovaforru; ✆ +39 070 930 0050
www.gennamaria.it
museogennamaria@tiscali.it
A 10 kilómetros al norte de Sanluri.
A más de cuatrocientos metros de altura, construido sobre un promontorio estratégico que ofrece magníficas vistas, el emplazamiento de Genna Maria domina toda la región de Marmilla. El nuraga presenta un bastión trilobulado con una torre del homenaje central que data del siglo XV a. C., así como tres torres laterales. Estaba rodeado por un poblado de cabañas, algunas construidas en las murallas circundantes, cuyos restos aún pueden verse. El complejo sigue siendo uno de los más importantes de

Cerdeña por su trazado único. El pequeño museo y su visita virtual son realmente fascinantes.

# BARUMINI

En esta pequeña ciudad de menos de 2000 habitantes situada en el corazón de la provincia del Medio Campidano, encontramos los restos nurágicos más importantes y mejor preservados de Cerdeña. Su Nuraxi, el complejo nurágico más famoso de la isla, fue declarado Patrimonio Mundial por la Unesco en 1997.

### ■ GIARA DI GESTURI ⭐
✆ +39 070 936 4277
www.parcodellagiara.it
info@parcodellagiara.it
La meseta basáltica de Giara di Gesturi ocupa una superficie de cinco mil hectáreas. Su flora está dominada por el alcornoque y la maquia mediterránea. Muchos animales encuentran refugio en este oasis: zorros, jabalíes, martas y, sobre todo, unos singulares caballitos salvajes. Puede recorrer el parque a pie (excursiones de dos horas a un día entero), en bicicleta, a caballo o en 4x4. La primavera es la mejor época para visitarlo, cuando el agua cubre las pequeñas depresiones del suelo, creando un espejo al aire libre.

### ■ SARDEGNA IN MINIATURA ⭐⭐
Strada Comunale Barumini Turri, km 1,5
Loc. Riu Lardi
✆ +39 070 936 1004
www.sardegnainminiatura.it
info@sardegnainminiatura.it
A 4 km de Barumini por la SP-44. En las inmediaciones del yacimiento Su Nuraxi (siga las indicaciones).
Este parque temático incluye una serie de lugares y museos dirigidos principal-

mente a los niños. El punto culminante de la visita es la reconstrucción en miniatura de los principales monumentos de Cerdeña. El recinto también incluye un pabellón nurágico, un sendero botánico, una pajarera de loros, un jardín de dinosaurios, una biosfera, un acuario, un museo de astronomía y un planetario. Un tren eléctrico recorre el parque, mientras que un río, remontable en barca, fluye tranquilamente por el centro.

### ■ SU NURAXI DI BARUMINI ⭐⭐⭐
Viale Su Nuraxi
✆ +39 070 93 68 128
www.fondazionebarumini.it
fondazionebarumini@tiscali.it
Cerca del pueblo de Barumini. Siga las indicaciones a partir de la SS-131. El buen estado de conservación del nuraga hace que su visita sea especialmente interesante. De hecho, es el más visitado y conocido de Cerdeña. Su construcción comenzó en el siglo XVI a. C. con la

*Sardegna in miniatura.*

*Complejo nurágico de Su Nuraxi.*

torre central y la torre del homenaje, las cuatro torres secundarias y, por último, el bastión cuadrilobulado de cuatro metros de grosor. Restos de cabañas circulares rodean el bastión. Parece que el nuraga y su poblado fueron destruidos casi por completo a principios de la Edad de Hierro, alrededor del año 800 a. C. Cerca de las ruinas surgió un nuevo asentamiento, en el que se utilizaron nuevas técnicas que atestiguan la evolución de la civilización nurágica. El nuraga estuvo habitado por las poblaciones nurágicas, pero también por los cartagineses, que lo asediaron y destruyeron parcialmente, y por los romanos (siglo I d. C.).

Desenterradas hacia 1950 por el gran arqueólogo sardo Giovanni Lilliu, las ruinas de la fortaleza estaban bajo una colina cubierta de vegetación. Ahora, perfectamente restaurado, el nuraga es Patrimonio Mundial de la Unesco.

## BARESSA

Este pequeño pueblo de la región de Marmilla está rodeado de colinas llenas en almendros. A lo largo de las estrechas calles del centro histórico se pueden admirar los antiguos portales, típicos de la región, las casas rurales y algunos de los murales más bonitos de Cerdeña.

# COSTA DE CAGLIARI

## QUARTU SANT'ELENA

Con una población de unos 70 000 habitantes, Quartu Sant'Elena es la tercera ciudad de Cerdeña después de Cagliari y

Sassari. Situada en la costa del golfo de Cerdeña, a unos nueve kilómetros de la capital, hasta 1960, Quartu Sant'Elena era poco más que un pueblo que vivía de la agricultura, la artesanía y la extracción de sal. En los últimos cincuenta años, su proximidad a Cagliari ha propiciado un desarrollo residencial sin precedentes. Habitada por fenicios y romanos, su nombre procede de la piedra que señalaba el cuarto miliario de la vía romana que conducía al centro de la isla. Las pequeñas colinas de la costa de Quartu fueron también lugar de asentamiento de la civilización nurágica, de la que aún pueden verse algunos restos. En 1793, la ciudad, cuya estructura urbana se remonta a la Edad Media, repelió la invasión de las tropas francesas del almirante Troguet. Quartu no fue reconocida como una ciudad de pleno derecho hasta 1956, cuando se le añadió el nombre de su santa patrona.

### ■ CHIESA DI SANT'AGATA ⭐
Piazza Azuni

Esta pequeña iglesia del centro de la ciudad es la más antigua de Quartu, pues data del siglo XII. Su exterior austero y su revoque desconchado ocultan la belleza pulida de su piedra. Hay que recorrer esta pequeña iglesia para apreciar su aire rústico y su campanario. El edificio original constaba de una sola nave, ampliada posteriormente por el lado derecho. Todavía se pueden ver las bóvedas románicas. La pintura de la Crucifixión del coro data de 1600 y fue realizada por el maestro genovés Orazio de Ferrari.

### ■ DIVERLAND WATER PARK VILLAGE ⭐
SS-125, km 19,5
✆ +39 070 829 9012
www.diverland.it
info@diverland.it

Este parque acuático, el mayor de Cerdeña, abrió sus puertas hace unos años al lado de una autopista y un polígono industrial. Es lo suficientemente grande como para hacer olvidar un entorno tan poco acogedor, cuenta con una enorme piscina, una isla artificial y seis toboganes. Para los más pequeños se ha diseñado una zona más tranquila. El hotel adyacente dispone de una docena de bungalós y dos pabellones con vistas a una gran piscina con baños de burbujas.

### ■ MONTE DEI SETTE FRATELLI ⭐
Este parque natural toma su nombre de las siete montañas que rodean Cagliari y que forman una barrera natural entre la capital y la costa este. Ofrece magníficas rutas de senderismo y espectaculares vistas del mar. El bosque, propiedad del Estado, se extiende por nueve municipios y regala magníficos paisajes. Además de los robledales y el matorral de madroños y mirtos, lo más llamativo son las formaciones naturales: la erosión ha esculpido saltos de roca, profundas gargantas y vertiginosos acantilados. La Caserma forestale di Campu Omu le proporcionará toda la información.

### ■ MUSEO PRIVADO «IL CICLO DELLA VITA» ⭐⭐

Via Eligio Porcu, 271
✆ +39 070 812 462
ciclodellavita@libero.it

Ubicado en una casa tradicional del siglo XIX, este museo privado contiene unas cinco mil piezas dedicadas a las tradiciones agrícolas. Reúne muebles, documentos, ropa, herramientas, libros, fotos y objetos sagrados de toda Cerdeña de entre los siglos XVIII al XX. El recorrido se organiza según las etapas de la vida humana, desde el nacimiento hasta la muerte, en la sociedad campesina y pastoril sarda. Suelen organizar exposiciones temporales.

# PULA

A unos treinta kilómetros al suroeste de Cagliari, la hermosa carretera SS-195 conduce a la colorida ciudad de Pula, un localidad costera muy concurrida. Hay más que suficiente para atraer a los visitantes: playas de arena fina, agua transparente, un clima suave (con 18 °C de temperatura media anual) y multitud de hoteles de prestigio.

## ◼ ANTICA CITTÀ DI NORA ⭐⭐

Localidad Nora; ✆ +39 070 921 470
Desde Cagliari, tome la SS-195 por Teulada, km 27.

Según la leyenda, Nora sería la ciudad más antigua de Cerdeña y habría sido fundada por el héroe fenicio Norax, hijo de Hermes y de la ninfa Erithia. Aunque lo más probable es que fuera fundada hacia el año 700 a. C. por mercaderes fenicios que cruzaban el Mediterráneo para comerciar, que eligieron la península del cabo de Pula y su promontorio rocoso para asentar su ciudad. En Nora se descubrió la famosa estela de principios del siglo VIII a. C., considerada el documento escrito más antiguo de la historia occidental, y donde aparece la palabra *Shrdn,* de la que se cree que deriva del nombre actual de Cerdeña. Aparte de la estela, quedan pocos vestigios de la ocupación fenicia. A principios del siglo VI a. C., los cartagineses tomaron la ciudad portuaria. Bajo su ocupación, la ciudad prosperó y creció. Su población pasó de 300 a 3000 habitantes. Los romanos tomaron la isla en el 238 a. C. y continuaron desarrollando Nora. Construyeron un anfiteatro y un foro que aún pueden verse y, hacia el año 150 d. C., unas termas y un mercado (*macellum*). También construyeron una red de carreteras y un eficaz sistema de alcantarillado. Algunas de estas estructuras aún conservan sus decoraciones de mosaico, una de las características especiales de la antigua ciudad de Nora. Se cree que a finales del siglo II d. C. se abrió una escuela de mosaico, lo que explicaría el florecimiento de este arte en la ciudad romana en los siglos III y IV. Su principal característica es el uso casi constante del blanco, el ocre y el negro, cuyas bellas armonías pueden apreciarse, por ejemplo, en los pavimentos del *frigidarium* de las termas centrales. Los romanos mejoraron los edificios, utilizando ladrillos, cortando las piedras y sellándolas con mortero. No se pierda la visita guiada al yacimiento arqueológico para sacarle el máximo partido; ciertas zonas solo revelan su interés con la guía de un experto.

En verano, el anfiteatro romano de Nora acoge el festival de la Noche de los Poetas (en italiano). Desde la zona arqueológica de Pula se puede admirar la cercana torre del Coltellazzo. Esta construcción española, encaramada en un promontorio de roca volcánica que domina la playa de Nora, se construyó entre 1580 y 1610 para defender la costa de los invasores árabes.

## ◼ CHIESA DI SANT'EFISIO ⭐⭐

Viale Nora

La iglesia se levantó en el lugar donde se dice que fue martirizado San Efisio. Construida sobre los cimientos de una primitiva iglesia cristiana y consagrada a principios del siglo XII, el interior, más bien austero, es interesante por su arquitectura de influencia franco-catalana. El 2 de mayo, hacia el mediodía, llega a la iglesia una interminable procesión que sale de Cagliari el día anterior. La imagen del santo, transportada en una

VISITA

carroza, es acompañada por la multitud y por grupos folclóricos locales. La fiesta dura cuatro días, con conciertos, bailes folclóricos y otras actividades.

### ■ MUSEO ARCHEOLOGICO GIOVANNI PATRONI ★★

Corso Vittorio Emanuele, 67
☎ +39 070 920 9610

La ciudad de Pula rinde homenaje al arqueólogo Giovanni Patroni con este pequeño museo que tiene el mérito de recontextualizar la historia de la región. Reúne objetos fenicios, cartagineses y romanos descubiertos en las excavaciones del yacimiento de Nora: ánforas, anclas marinas, cerámicas, lámparas de aceite, estatuas… Algunos de estos objetos tienen un gran valor histórico y permiten comprender mejor las culturas que se sucedieron a lo largo de 1200 años.

# CHIA ★★

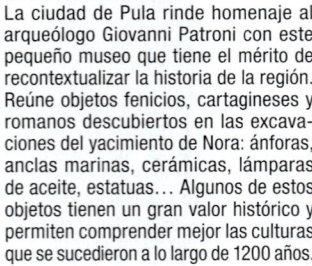

Las playas de Chia están entre las más bonitas de Cerdeña, con sus paisajes de dunas y pinares. Son playas muy frecuentadas porque son tan amplias y espaciosas que hay sitio para todos: en ellas no hay sensación de agobio. Dominadas por la torre de Chia, la pequeña playa y el islote de Cardulinu, unidos a tierra firme por una laguna, tienen aguas de una maravillosa transparencia y una arena tan fina como la harina. Nuestras favoritas son Su Giudeu, Tuerredda y Cala Cipolla, muy bien señalizadas en la carretera. La ruta panorámica de Chia a Porto Teulada es magnífica.

# VILLASIMIUS ★

Situada en un magnífico entorno natural, a cincuenta kilómetros al sureste de Cagliari, vale la pena visitar Villasimius. El encanto de esta tranquila y acogedora localidad costera no se ha visto alterado por el desarrollo de alojamientos turísticos. Aquí, el mar seguramente es más bonito que en otros lugares, quizá sea por el efecto del contraste de la arena clara con el agua color turquesa. Aunque la ciudad en sí misma solo tiene verdadero interés por la noche, cuando visitantes y lugareños se reencuentran para la *passeggiata,* por la Via del Mare y la Piazza Gramsci, sus alrededores bien merecen una visita.

Desde capo Carbonara, se puede caminar hasta el promontorio, desde donde se disfruta de una espléndida vista panorámica de la Isola dei Cavoli (isla de las Coles) y la Isola di Serpentara. Se pueden hacer excursiones en barco a estas dos islas salvajes de granito y admirar la estatua de la Madonna del Naufrago, esculpida en 1979 por el artista sardo Pinuccio Sciola y sumergida a unos diez metros de profundidad frente a la Isola dei Cavoli.

### ■ SPIAGGE DI VILLASIMIUS

El cabo Carbonara está rodeado de playas paradisíacas bañadas por las aguas de una reserva marina protegida, ideales para el buceo y el submarinismo. Muy concurridas en verano, se vuelven más salvajes y tranquilas en otoño.

▶ **Simius:** kilométrica franja de arena, es la playa principal de Villasimius y la más cercana a la ciudad. Protegida en cada extremo por un promontorio rocoso, es principalmente una sucesión de playas privadas pertenecientes a los hoteles de los alrededores.

▶ **Timi Ama:** pequeña cala situada al final de la playa de Simius, a la entrada la laguna de Notteri. Sus aguas claras

© CAMILLE RENEVOT

VISITA

*Las aguas cristalinas de Chia.*

y poco profundas son ideales para practicar esnórquel.

▶ **Porto Giunco:** esta espectacular cala bordea la laguna de Notteri, que alberga flamencos rosas. En el otro extremo, está dominada por una soberbia torre aragonesa, la Torre di Porto Giunco. Para llegar a ella, hay que tomar el sendero que conduce desde el final de la playa a través de la maleza hasta la pequeña cala de Porto Giunco.

▶ **Cala Caterina:** en la vertiente occidental del cabo Carbonara, estas dos pequeñas calas son uno de los secretos mejor guardados de Villasimius. Difíciles de encontrar entre las villas de lujo que ocupan este tramo de península, apenas hay espacio para unas pocas toallas.

▶ **Riso:** a las afueras del puerto deportivo de Villasimius, la playa del «arroz» toma su nombre de su arena, pequeños granos de granito moldeados por las mareas. No es precisamente hermosa en comparación con otras de la región, pero es uno de los mejores lugares para disfrutar de la puesta de sol.

▶ **Campulongu:** esta playa de quinientos metros de largo es popular entre los lugareños, que aprecian su arena fina y sus aguas poco profundas y tranquilas, perfectas para los más pequeños. La presencia de hoteles y residencias hace que se llene rápidamente. Es mejor llegar pronto.

▶ **Porto Luna:** entre Simius y Punta Molentis, la costa está bordeada de calas rocosas ideales para el esnórquel.

▶ **Punta Molentis**: esta playa cierra la bahía del cabo Carbonara por el norte. Rinde homenaje a los burros (*molentis*) que se utilizaban para transportar las numerosas rocas de granito de la zona. Popular entre lugareños y turistas por sus aguas cristalinas y su entorno íntimo, la playa solo puede acoger a quinientas personas al día por un módico precio. Si quiere dejar su toalla, tendrá que llegar pronto, ya que abre a las 8 de la mañana. También puede optar por alquilar una tumbona en el restaurante de la playa, I Due Mari. Es más caro, pero puede venir cuando le apetezca... o puede reservar.

# BARBAGIA Y LA COSTA ORIENTAL

Silencio, montañas, tradiciones: estas son las palabras que caracterizan esta extensa región situada en el corazón de la isla y protegida del bullicio del mundo exterior. Debido a los fallidos intentos de invadir y dominar esta amplia e inaccesible región, los romanos dieron a la provincia de Nuoro el nombre de Barbaria, que más tarde se convertiría en Barbagia.

La región ocupa una superficie de 7044 km², está escasamente poblada y dominada en un 80 % por montañas y colinas. Es la parte más montañosa de la isla. Está salpicada de pueblos que parecen aferrados a las laderas, normalmente a media altura. Y marcada por valles profundos, picos desnudos y primitivos encinares. Limita al este con la costa de San Teodoro y el golfo de Orosei, y al sur con los montes Supramonte y Gennargentu.

Los pintorescos paisajes formados por gargantas, barrancos y bosques, una rica fauna y flora y cientos de senderos y caminos que atraviesan la maleza al lado de encinares milenarios son un auténtico regalo para los excursionistas. Estos remotos pueblos y aldeas permiten a los visitantes curiosos descubrir las tradiciones y costumbres del pueblo sardo, máximo portador de la identidad autóctona, imbuida de una cultura insular y montañesa muy arraigada.

El litoral es uno de los más bonitos de Cerdeña. Desde Tortoli y Arbatax, en el sur, hasta San Teodoro, en el norte, el paisaje está muy bien conservado. Las aguas cristalinas bordean las playas de arena fina, calas y altos acantilados que ofrecen vistas inolvidables. La pintoresca carretera SS-125 serpentea siguiendo los acantilados, que dominan sobre unos paisajes cautivadores. El golfo de Orosei, las calas de Arbatax, las largas playas de arena de la Costa Rei se encuentran entre las microrregiones más bonitas de la costa sarda.

Existe una clara continuidad entre el centro y la costa, entre los paisajes montañosos del Gennargentu y las playas. Aquí está presente la Cerdeña de la costa y la profunda, la auténtica de los pastores.

## NUORO Y BARBAGIA

Esta región, con una población de poco más de 36 000 habitantes, es famosa por sus fuertes sentimientos insulares. Los amantes del senderismo, la escalada y la montaña se dan cita en este paraíso apartado y tranquilo.

### NUORO ⭐

La ciudad de Nuoro, encaramada en las montañas de Barbagia, parece más un gran pueblo de montaña que una ciudad. Cuna de la famosa escritora Grazia

# BARBAGIA Y COSTA ORIENTAL

Deledda, Premio Nobel de Literatura en 1926, y del poeta Sebastiano Satta, Nuoro está orgullosa de su cultura y sus tradiciones. Corso Garibaldi y Piazza Vittorio Emmanuele, de las que parten numerosas calles peatonales repletas de tiendas y cafés, conforman el centro de la ciudad.

### ■ CATTEDRALE DI SANTA MARIA DELLA NEVE ⭐⭐

Piazza Santa Maria della Neve
Imponente y majestuosa, la catedral domina la plaza arbolada del mismo nombre. Se construyó en el siglo XIX, cuando Nuoro fue elevada al rango de obispado. Entre la primera piedra, que se colocó en 1835, y la última pasaron veinte años. Dos torres enmarcan el edificio, mientras que cuatro columnas de granito sostienen el frontispicio. El interior consta de una nave central flanqueada por tres capillas unidas por arcos.

### ■ MONTE ORTOBENE ⭐⭐

Nostra Signora de su Monte
El autobús local ATP n.º 8 circula con regularidad desde el centro de Nuoro (Corso Garibaldi) hasta la cima del monte Ortobene, aproximadamente cada 50 minutos. Consulte los horarios en www.atpnuoro.it.
Con sus 995 metros, el monte Ortobene es la mascota de Nuoro. Este trapecio de granito domina orgulloso la ciudad con sus empinadas laderas y encinares. La carretera serpentea y gira durante cinco kilómetros hasta llegar a la cima. A pocos metros de la llegada, la vista sobre el valle, Oliena y la cadena calcárea del Supramonte son espectaculares. En la meseta de la cima hay que dirigirse hacia los puestos de venta y tomar el sendero a la derecha en la última curva. Este conduce a la estatua del Redentore, que

domina la ciudad de Nuoro. Desde allí, la vista de las cumbres de la Barbagia es impresionante: destacan el macizo del Gennargentu y Punta La Marmora, el punto más alto de la isla, que alcanza los 1834 metros. Se trata de una excursión imprescindible, no solo por las espléndidas vistas panorámicas que ofrece, sino también por las curiosas formas —humanas y animales— de sus rocas erráticas que se descubren al ascender hacia la cima. Es muy recomendable pasear por la pequeña meseta de la cumbre, muy animada al caer la tarde. Muchos habitantes de Nuoro acuden a pasar allí el final del día en las épocas de calor; incluso podría decirse que es el lugar más animado de la ciudad al atardecer. Además, hay una zona de juegos para niños. Se puede dar un paseo y descender hacia Nuoro por la otra vertiente (la sur), que también ofrece magníficas vistas. No hay que perderse, a unos dos kilómetros cuesta abajo a la izquierda, una sorprendente cabaña de pastores troglodita.

### ■ MUSEO CIUSA ⭐⭐

Piazza Santa Maria della Neve, 8
✆ +39 0784 253 052
Este museo está dedicado al escultor Francesco Ciusa, iniciador de la escultura moderna en Cerdeña y con gran influencia en Italia. La colección permanente consta de unas sesenta obras y vaciados expuestos en el antiguo edificio del tribunal de Nuoro, que fue renovado en 2016. Esta exposición resume una intensa carrera que abarca desde principios del siglo XX hasta la década de 1940. El ciclo *Il Cainita* rinde homenaje a la Cerdeña arcaica del interior de Nuoro. En la planta baja, hay un amplio espacio destinado a exposiciones temporales.

### ■ MUSEO DE ARTE DE LA PROVINCIA DE NUORO (MAN) ★★

Via Satta, 27
✆ +39 0784 252 110
www.museoman.it, info@museoman.it
En poco tiempo, el MAN ha conseguido hacerse un nombre más allá de Cerdeña. Este palacio renovado del siglo XIX alberga obras de importantes artistas sardos, como Mario Delitala, Biasi, Floris, el escultor Francesco Ciusa, Manca y Nivola. Este museo, en constante evolución, es el punto de partida de un viaje de descubrimiento del arte contemporáneo, con especial atención a los jóvenes talentos y a artistas locales.

### ■ MUSEO DEL COSTUME ★★

Via Mereu, 56
✆ +39 0784 257 035
www.isresardegna.it
isresardegna@isresardegna.org
Situado en una colina que domina la ciudad, este museo es uno de los más interesantes de Nuoro. Sus numerosas salas dan la impresión de estar paseando por un pueblo. Se presentan trajes sardos de diversas épocas, que ponen de relieve las especificidades de cada región. También se exponen joyas, instrumentos musicales y réplicas de especialidades culinarias. Las últimas salas, llenas de sorpresas, muestran los trajes que llevan los habitantes de los pueblos de la región durante el carnaval.

### ■ MUSEO DELEDDIANO – CASA NATAL DE GRAZIA DELEDDA ★

Via Grazia Deledda, 42
✆ +39 0784 258 088
www.isresardegna.it
isresardegna@isresardegna.org
En el corazón del casco antiguo de Santu Predu se encuentra la casa natal de la famosa novelista Grazia Deledda. Aquí escribió sus primeras novelas, antes de casarse en 1900 y trasladarse a Roma. La autora fue galardonada con el Premio Nobel de Literatura en 1926, y a día de hoy es el orgullo de los habitantes de Nuoro. En ella se exponen objetos personales, textos e incluso el famoso premio. Lamentablemente, la información solo está disponible en italiano.

### ■ MUSEO NACIONAL DE ARQUEOLOGÍA ★★

Via Manno, 1
✆ +39 0784 316 88
Centro de la ciudad, cerca de la catedral. El Museo Nacional ocupa un antiguo palacio del siglo XVIII. La exposición se concentra principalmente en la planta baja, donde se pueden ver los objetos encontrados después de varios años de excavaciones y estudios arqueológicos. Muchos de ellos proceden de donaciones privadas o fueron recogidos por los espeleólogos del Club de Cuevas de Nuoro a principios del siglo XX. Para aprender un poco más sobre las civilizaciones que habitaron la isla desde la prehistoria.

### ■ TOMBBA DI GRAZIA DELEDDA ★★

La tumba de Grazia Deledda se encuentra en la pequeña iglesia de Nostra Signora della Solitudine, a las afueras de la ciudad. La escritora sarda solía acudir a esta iglesia para rezar, y por eso fue enterrada aquí cuando murió en 1936. Su tumba de granito negro ocupa un nicho a la derecha del pasillo central. Grazia Deledda es la única escritora italiana galardonada con el Premio Nobel de Literatura, en 1926. Su obra se inspira en la Cerdeña de su juventud y entrelaza temas de amor, dolor y muerte.

## OLIENA Y LAS MONTAÑAS DE SUPRAMONTE

Oliena (unos 8000 habitantes), con su pequeña iglesia de Santa María del siglo XV, es uno de los pueblos típicos de la región. Es famoso por sus trajes, bordados y vinos. El mismo Gabriele D'Annunzio puso nombre al vino más famoso de la ciudad, y que a él le gustaba mucho: Nepente. Oliena ha conservado y cultivado sus tradiciones artesanales, gastronómicas y vinícolas. También es el punto de partida para excursionistas que quieran adentrarse en las montañas del Supramonte. En las afueras de la ciudad hay dos santuarios, el de Nostra Signora di Monserrato y el de San Giovanni, en la carretera de Dorgali, cerca de los cuales brota el manantial natural de Su Gologone, de color verde y puro.

## ORGOSOLO ⭐⭐

Como Oliena, Orgosolo es un pueblo de pastores muy representativo de la vida de los habitantes de Barbagia. Es conocido como la patria de los bandidos. Se ve en sus paredes pintadas que han invadido el corazón del pueblo. Esos murales, realizados en los años 1960, manifiestan las ideas políticas de la región. Las fachadas de la pequeña calle principal, donde la gente del pueblo se reúne para tomar un café o charlar, están cubiertas de frescos muy coloristas. Los habitantes de Orgosolo, orgullosos de la Barbagia, miran a los visitantes con desconfianza.

### ■ MURALES DE ORGOSOLO ⭐⭐⭐

La expresión mural de Orgosolo, surgida a principios del siglo XX, inicialmente fue una herramienta de comunicación utilizada por un grupo de anarquistas. Estos emplearon las paredes de las casas para crear frescos políticos destinados a ser vistos por el mayor número posible de personas. La técnica fue retomada por la Resistencia durante la Segunda Guerra Mundial y se extendió a los pueblos vecinos. Los artistas adoptaron este modo de expresión, ampliándolo para incluir la cultura, las costumbres y las tradiciones sardas. Muchas representaciones de pastores o bandidos sardos comparten espacio con dibujos de *mamuthones* (los enmascarados del carnaval de Mamoiada) o de mujeres sardas cargando agua de la fuente. Entre las obras más destacadas se encuentran mensajes pacifistas, una representación de Charlie Chaplin vestido de soldado o un anciano sardo apoyado en su bastón. A la entrada del pueblo, en la carretera que viene de Nuoro o de Oliena, un rostro pintado en una roca y que representa a un bandido, está diseñado para asustar a cualquier extraño que venga al pueblo.

### ■ NURAGHE MEREU ⭐⭐

En lo alto de una colina, frente al desfiladero de Gorropu, se alza el nuraga «blanco». Su color único se debe a la calidad de la piedra utilizada, caliza blanca. A su lado, unas cabañas de piedra caliza en buen estado atestiguan la presencia de un antiguo pueblo. El nuraga de Mereu es famoso no solo por su *tholos* (falsa cúpula) perfectamente conservado, sino también por su excepcional ubicación. Domina la garganta del Gorropu, el cañón más profundo de Europa, y domina el bosque de Sas Baddes, uno de los últimos bosques primarios que quedan en la cuenca mediterránea.

VISITA

## MAMOIADA ⭐

Mamoiada es famosa por su carnaval y por los disfraces tan especiales que llevan los *mamuthones*. Estos consisten en una máscara negra de madera (fabricada por artesanos locales), una gruesa capa de pelo de animal y enormes cascabeles de hasta 50 kg de peso. Dan a sus portadores la apariencia de extrañas criaturas, mitad hombre, mitad animal. Los alrededores de Mamoiada son ricos en yacimientos arqueológicos.

### ■ MUSEO DE LAS MÁSCARAS MEDITERRÁNEAS ⭐⭐⭐
Piazza Europa, 15

☏ +39 0784 569 018
www.museomaschere.it
info@museomaschere.it

Gracias a una puesta en escena multimedia, los visitantes pueden experimentar la magia de los colores y sonidos del carnaval de Barbagia: la tecnología permite a los visitantes ser testigos de las danzas de los *mamuthones*. No se trata solo de una exposición de máscaras y trajes de Barbagia, sino más bien de una lección magistral sobre las tradiciones populares, los rituales de los *mamuthones* y sobre el sincretismo entre los ritos paganos y el cristianismo. Una experiencia fascinante.

# COSTA ORIENTAL

Desde la Costa Rei hasta Arbatax, este bonito litoral continúa casi recto, con largos tramos de arena fina y a veces con un mar agitado.

La costa oriental del golfo de Orosei cuenta con insólitos acantilados calcáreos y paredes escarpadas, con sublimes playas salvajes de aguas transparentes y turquesas como Cala Mariolu (indiscutiblemente una de las playas más bonitas de Europa) o la Cala Goloritzé, con espléndidas vistas, que resulta ideal para practicar una amplia gama de deportes como la escalada o el piragüismo, todos ellos en contacto con una naturaleza formidable. Este litoral se extiende desde Arbatax hasta Orosei, pasando por Cala Gonone y Dorgali. Al norte de Orosei, los acantilados calcáreos dan paso a las costas bajas y arenosas de Siniscola, Posada y San Teodoro.

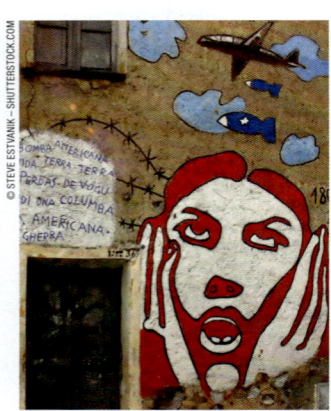

© STEVE ESTVANIK – SHUTTERSTOCK.COM

*Pintura mural en Orgosolo.*

## COSTA REI ⭐⭐

Entre el cabo Ferrato, al norte, y el monte Nai, al sur, una playa de arena blanca y fina, bordeada de pinos y naranjos, se extiende a lo largo de diez kilómetros en

VISITA

*La película* Bandidos en Orgosolo *se rodó en los alrededores de la localidad.*

una bahía de aguas cristalinas. Al sur de la Costa Rei, Cala Sinzias rodea una playa de arena de unos dos kilómetros de largo, cerca de las montañas. En esta formidable bahía se puede encontrar paz y tranquilidad incluso en verano.

### ■ MENHIRES DE PISCINA REI ⭐⭐
Desde Costa Rei, tome la vía Ichnusa hasta el centro comercial y, poco después, gire a la derecha siguiendo las indicaciones de la ciudad costera Piscina Rei. Los menhires se encuentran más allá de un canal seco.

Cerca de Piscina Rei, en el norte de la Costa Rei, aún se puede admirar una hilera de veintidós menhires que datan del Neolítico, 5000 a. C. Situados a menos de doscientos metros de la playa, rodean un camino polvoriento. Se dice que están dispuestos según posiciones astrales muy precisas. Por desgracia, el yacimiento no está muy bien cuidado y la vegetación impide apreciar sus particularidades. Esto no es infrecuente en la región de Piscina Rei, donde hay varios complejos megalíticos de este tipo, la mayoría, de muy difícil acceso.

### ■ PLAYA DE PISCINA REI ⭐⭐
Una soberbia extensión de arena fina y dorada, bañada por aguas cristalinas, se extiende a lo largo de más de seis kilómetros. La playa de Piscina Rei ocupa el centro de la bahía y está menos concurrida que otras playas más conocidas, sobre todo la situada frente a Costa Rei, que es de fácil acceso. Una gran roca submarina, a cincuenta metros de la orilla, atrae a algunos peces que se pueden ver con gafas y aletas. Detrás de este tramo de playa hay un extenso estanque ligeramente fangoso que fue en su día una salina. Alberga numerosas especies de aves interesantes.

## BARI SARDO
A solo diez kilómetros al sur de Tortolì, Bari Sardo es una pequeña ciudad de

unos 4000 habitantes famosa por sus productos textiles (alfombras, mantas, piezas de lino). Está situada en la meseta de *Teccu 'e su Crastu*, en medio de verdes colinas cubiertas de viñedos y huertos. Fundada en la antigüedad, cuenta con vestigios de la civilización nurágica, como el nuraga de Sellersu, las domus de las janas de Pizzu'e Monti y Funtana Su Rettore, que se encuentran un poco más lejos, en las colinas de Su Pranu. El centro del pueblo está plagado de casas rústicas y torres que datan de la época de la dominación española.

# CARDEDU

Pequeño municipio de la costa este, con un mar cristalino y acantilados rocosos a la vuelta de la esquina.

▶ **Para llegar a las playas** de Foddini, Marina de Cardedu, Museddu y Perd'e Pera, siga la SP-125.

■ **SPIAGGIA DI COCCOROCCI** ⭐⭐
Marina di Gairo
A pocos kilómetros al sur de Cardedu, las montañas de origen volcánico se detienen y se forma una playa en la maleza mediterránea. Una playa de visita obligada, con sus rocas redondeadas alisadas por el verde mar. Miles de guijarros de pórfido negro, verde, gris y rojo aportan al litoral extraordinarios matices de color. La playa de Coccorocci es la mayor playa de guijarros de Cerdeña. Hay muchas calas solitarias en las que detenerse a lo largo de la costa.

# JERZU ⭐

El pueblo ha sufrido tantos daños que hoy en día solo tienen interés las estrechas calles de su centro histórico. Los alrededores de Ulassai y Jerzu son famosos por sus extrañas formaciones rocosas. Las rocas calizas, moldeadas por el viento y los fuertes aguaceros, han dado vida a figuras fantásticas.

# ULASSAI

A solo 300 m de este pueblo enclavado en la ladera de la montaña, se pueden admirar las cascadas de Lecorci, y las de Santa Bárbara, a siete kilómetros. Estas últimas son impresionantes (80 m de altura y de 60 a 70 m de anchura). Se trata de un paraje salvaje con un paisaje soberbio, aún desconocido por el turismo de masas. A pocos kilómetros al norte del pueblo, se llega a la cueva de Su Marmuri, una asombrosa curiosidad geológica que merece la pena descubrir.

■ **GROTTA DI SU MARMURI** ⭐⭐⭐
Piazzale Grotte sui Marmuri
℡ +39 0782 79 859
www.grottasumarmuri.com
grottasumarmuri@tiscali.it
Siga las indicaciones hacia las cuevas desde el centro de Ulassai.
Se trata de la mayor cueva de Europa. Debe su nombre, que significa «mármol», al particular aspecto de la piedra caliza. La entrada está a 880 metros de altitud. Hay que recorrer un arduo camino y subir doscientos escalones para llegar a ella. Con 850 metros de profundidad y paredes de setenta metros de altura en algunos puntos, es realmente impresionante. Las diferentes cámaras se formaron hace 150 millones de años por la erosión de un río subterráneo hoy desaparecido. Las más impresionantes son la *Grande Sala* y la sala de los Cactus, que albergan dos estalagmitas de 28 metros de altura.

*Cala Sinzias, en la Costa Rei.*

### ■ STAZIONE DELL'ARTE ⭐⭐

SP 11 ex Stazione Ferroviaria
✆ +39 0782 787 055
www.stazionedellarte.com
info@stazionedellarte.it
En el emplazamiento de una antigua estación de ferrocarril, varias casas de campo exponen obras de la artista Maria Lai (1919-2013), nacida en Ulassai. Se trata de la primera mujer artista que concibió una forma de arte a medio camino entre el *land art* y el *performance*, y que se expresó a través de sus obras implicando a toda la comunidad del pueblo. Transforma el territorio y el paisaje circundante en una obra conmovedora en la que confluyen el arte contemporáneo y la tradición. El guía le mostrará varias obras de la artista, explicándole los mensajes que quería transmitir.

## LANUSEI

Lanusei es la primera localidad situada a la salida de Tortoli, a 490 metros de altitud, en la ladera de la montaña que domina el valle de Arbatax. Esta localidad de unos 6000 habitantes ofrece unas espléndidas vistas al mar. También es la *capital* histórica de Ogliastra, obispado y sede del tribunal.

## TORTOLI Y ARBATAX

La pequeña ciudad de Tortoli, de 10 000 habitantes, es un importante centro de la región de Ogliastra. Protegido de los vientos por los montes del Gennargentu, y con sus alrededores antiguamente cubiertos de pantanos y estanques, el pueblo sufrió en otro tiempo epidemias de malaria. Hoy en día, es una ciudad acogedora con sus pequeñas plazas y estrechos callejones llenos de tiendas.

Arbatax, el puerto de Tortoli, está enclavado en la base del gran promontorio de granito de Capo Bellavista, un escarpado afloramiento de pórfido famoso por sus famosas Rocas Rojas. El puerto de Arbatax está prácticamente unido a la ciudad de Tortoli. En el siglo XIII ya se conocía como Abataxara. La torre de granito del siglo XVI situada a la entrada del pueblo fue construida por los españoles para proteger la costa de los piratas. Hoy en día, el puerto de Arbatax es el principal punto de atraque de la costa este de Cerdeña.

## GIRASOLE

Esta localidad tiene menos de 1000 habitantes, pero su historia se remonta al año 2000 a. C. Los romanos fundaron aquí el puerto más importante de la región. Hoy, Girasole es famosa por su playa dorada, su pequeña iglesia gótico-catalana de la Madonna di Monserrato y sus numerosos hoteles, que ofrecen un alojamiento más barato que las cercanas localidades de Tortoli y Santa Maria Navarrese.

## SANTA MARIA NAVARRESE

Punto de partida de numerosas excursiones en barco hacia las calas de la costa oriental y el golfo de Orosei, la pequeña localidad costera de Santa Maria Navarrese cuenta con algunos hoteles y una bonita playa. En la plaza de la iglesia, un olivar bordea una playa pedregosa de aguas transparentes. La torre de Santa Maria Navarrese (12 metros de diámetro y 10 metros de altura) data de 1785.

### ■ CUEVAS Y CALAS DEL GOLFO DE OROSEI ★★★

Se puede llegar a las playas en barco desde los puertos de Santa Maria Navarrese, Cala Gonone y Arbatax. La única forma de descubrir cuál es la cala más hermosa del golfo de Orosei es emprender una excursión en barco y explorarlas todas. Las playas de arena blanca están bañadas por aguas cristalinas de color turquesa, rodeadas de altos acantilados infranqueables. El espectáculo es impresionante.

▶ **Cala dei Gabbiani.** Menos concurrida que Goloritzé (*véase Baunei*) o Mariolu, esta cala comparte las mismas características excepcionales: aguas cristalinas con matices azul verdoso, un acantilado pulido por el viento y una playa de grava blanca. A menudo figura en las listas de las «playas más secretas de Italia».

▶ **Cala Mariolu.** El *mariolo*, o foca monje, solía habitar estas aguas hace 40 o 50 años. Para los habitantes de Baunei, Cala Mariolu significa «polvo de nieve», en referencia a los guijarros blancos que caracterizan esta maravillosa playa con aguas transparentes y turquesas, ideales para practicar esnórquel. Es fácil entender por qué Cala Mariolu es considerada una de las playas más bonitas de Europa.

▶ **Cala Mudaloru.** Al final de un profundo barranco, esta cala suele quedar fuera de los itinerarios turísticos porque permanece en sombra gran parte del día. Es ideal para los días de mucho calor.

▶ **Piscinas de Venus.** La diversión aquí radica en zambullirse desde las rocas en las aguas de color azul turquesa.

▶ **Cala Luna.** Aunque quizás no sea la playa más hermosa de este tramo de costa, su amplitud permite disfrutarla con tranquilidad, y sus cuevas ofrecen la posibilidad de explorarla y de sacar unas fotos inolvidables.

▶ **Grotte del Bue Marino.** Solo se puede acceder a esta cueva por mar. Se han construido unas plataformas en

© LAURENT PIERSON

*Playa de Santa Maria Navarrese.*

el interior de la cueva y se ha instalado iluminación.

### ■ PEDRA LONGA ⭐⭐

Una aguja rocosa domina dos hermosas calas de aguas turquesas. Pedra Longa es un magnífico monolito piramidal de piedra caliza dolomítica que se eleva desde el agua hasta una altura de 128 metros. Está enclavado en el tramo de costa que se extiende desde Santa Maria de Navarrese hasta Capo di Monte Santo. Este litoral rocoso se caracteriza por sus altos acantilados. Los antiguos navegantes eligieron Pedra Longa como punto de referencia, la aguja que cierra la región del Supramonte por el sur. La llamaban Guglia, Aguglia o Agugliastra; *guglia* significa «aguja».

# BAUNEI

El pueblo de Baunei se encuentra junto a la localidad costera de Santa Maria Navarrese, a diez kilómetros al norte. Este pueblo en la ladera de la montaña es famoso por sus bonitas casas blancas con forma de torre y sus estrechas calles *escalonadas* apoyadas en la montaña. También es muy apreciada su artesanía, especialmente los tejidos y los grabados en madera. Siguiendo la SS-125, se llega a la plaza central, donde se encuentra la antigua fachada de la iglesia de San Nicola. El resto de la estructura, que data de 1700, fue despojada de su nave y se construyó una nueva fachada en la parte trasera. Frente a la entrada de la iglesia, se puede parar en una terraza panorámica con vistas a la montaña.

### ■ CALA GOLORITZÉ ⭐⭐⭐

Esta soberbia cala salvaje de pequeños guijarros blancos y bañada por aguas translúcidas de color turquesa, es Patrimonio Mundial de la Unesco. Solo se puede acceder a ella a pie o por mar desde Cala Gonone o Santa Maria Navarrese. La playa figura regularmente en la lista de las más bonitas de Italia y de Europa.

▶ **Cómo llegar.** En el centro de Baunei, después de la iglesia, hay que tomar la carretera que sube a la derecha. Seguir durante 9 km (Altopiano di Glogo) hasta que vea la señal de Cala Goloritzé a la derecha. Continúe hasta el segundo aparcamiento.

▶ **La caminata** es bastante fácil, especialmente la ida, aunque existe un ligero riesgo de resbalar con las piedras en la bajada, que es bastante empinada. La caminata puede durar una hora, o una hora y media si se va despacio. La subida de vuelta es más dura y puede llevar hasta media hora más (dependiendo de su condición). Conviene llevar calzado cerrado, ya que el camino es pedregoso y resulta peligroso ir con chanclas.
Para disfrutar al máximo de esta playa y de su mar azul resplandeciente, lo mejor es salir por la mañana temprano, ya que este trozo de paraíso queda a la sombra a partir de las 15 horas. Existe la posibilidad de hacer un pícnic en las mesas de madera que hay justo antes de llegar a las escaleras de la playa. No olvide llevar siempre dos litros de agua y un tentempié por si se siente un poco flojo.

▶ **Como** la zona de playa es pequeña, aconsejamos que visite este pequeño paraíso fuera de temporada, ya que en verano se llena rápidamente y pierde su encanto (a menos, claro está, que llegue por la mañana temprano).

■ **CALA SISINE** ⭐⭐
Es la playa principal del golfo de Orosei, junto con Cala Luna. Está rodeada de bosques y separada de Cala Luna por cuevas. En 1987, esta parte del golfo fue declarada zona protegida para salva-

guardar la foca monje, pero demasiado tarde. Se puede llegar a la cala a pie (treinta minutos desde el aparcamiento) desde la meseta del Golgo, a la que se accede desde Baunei. Pero la mayoría de los visitantes llegan en barco. Es mucho más agradable y, sobre todo, más respetuoso con el medio ambiente.

■ **GROTTA DEL FICO**
✆ +39 333 963 4349
www.grottadelfico.it
info@grottadelfico.it
A esta cueva, situada a diez metros sobre el nivel del mar, solo se puede acceder a través de una serie de escalones que solo se pueden alcanzar en barco. Se tardan unos cincuenta minutos en llegar desde los puertos de Arbatax y Santa Maria Navarrese. La cueva se abrió al público en 2003. Aquí se escondían, hasta que la cueva fue descubierta por espeleólogos en la década de 1950, los últimos ejemplares de foca monje de Cerdeña, vistos por última vez en el golfo de Orosei hace veinte años. Situada entre la tierra y el mar, es una de las cuevas más bonitas de Ogliastra.

## TRIEI Y EL PUEBLO NURÁGICO DE BAU NURAXI

El pueblo nurágico de Bau Nuraxi, donde aún se pueden ver las ruinas de las torres de granito a pesar del abandono que caracteriza a esta zona, se encuentra a un kilómetro de Triei. Siguiendo cinco kilómetros por la misma carretera, se llega a la tumba de los gigantes de Osono, una estructura de granito cuya entrada e interior están muy bien conservados.

# FONNI Y ALREDEDORES

Grazia Deledda describió en una ocasión el pueblo como «un buitre en reposo». El origen de Fonni se pierde en un pasado lejano. A pocos kilómetros de la ciudad, los lagos de Gusana y Cucchinadorza; así como los alrededores de Orani, en Barbagia, ofrecen bellos paisajes campestres que atraen a los amantes del senderismo.

## FONNI

El pequeño pueblo de montaña de Fonni, a más de mil metros sobre el nivel del mar, es la población más alta de Cerdeña. Está protegida por la cordillera del Gennargentu, cuyas laderas se cubren de nieve en invierno. Fonni es la puerta de entrada a la única estación de deportes de invierno de Cerdeña, la estación de Bruncu Spina (1600 m, 4 km de pistas). En verano, Fonni se convierte en un destino tomado por todos aquellos que aman caminar entre robledales centenarios habitados por muflones, ciervos, águilas reales y jabalíes… Su aislamiento le ha permitido conservar un tesoro arqueológico: dieciocho pueblos nurágicos (con más de 1000 cabañas), 25 tumbas de gigantes, 55 domus de janas, 45 nuragas (el más famoso de los cuales es el de Dronnoro) y varios menhires. El centro histórico del pueblo conserva algunos edificios tradicionales de granito, como el santuario de la basílica de la Madonna dei Martiri, en la Piazzale dei Martiri.

El pueblo está lleno de pinturas murales que representan escenas de la vida cotidiana.

### ■ TOMBA DEI GIGANTI DI BIDISTILI O DURANE
SS-389 dir/B
Para llegar, hay que tomar la carretera de Nuoro a Mamoiada y luego bajar hasta Fonni. En el punto kilométrico 126, gire a la izquierda durante 80 metros en dirección sureste.
La tumba data del periodo nurágico.

VISITA

*Baunei.*

A la izquierda, la amplia exedra alberga un pequeño betilo, alrededor del cual se han encontrado fragmentos de cerámica. La pequeña cámara funeraria, de forma rectangular, está constituida por grandes losas ortostáticas. El ábside regular confiere al monumento el aspecto de un barco volcado que recuerda a las navetas de Menorca. Las escudillas carenadas atestiguan la presencia de lechos funerarios.

## LAGOS DE GUSANA Y CUCCHINADORZA

En las afueras de Gavoi, estos dos lagos artificiales, creados en medio de diques y embalses, se extienden entre montañas y colinas. Son ideales para excursiones en canoa o para pasear por los encinares de los alrededores.

## ORANI

Situado en el corazón de Cerdeña, este pueblo es la villa natal de Constantino Nivola, gran escultor del siglo XX. Fue Nivola quien realizó los *graffiti* de la fachada de la pequeña iglesia tardogótica de Nostra Signora d'Itria, a las afueras del pueblo. Orani también ofrece evocadoras vistas panorámicas del monte Gonare.

### ■ CHIESA SAN ANDREA E TORRE PISANA

Esta iglesia, ahora en ruinas, fue abandonada en el siglo XIX para dar paso a una más grande y moderna en el centro de la ciudad. Probablemente se construyó en el siglo XVII y tenía planta de cruz griega. El campanario es la única parte que se conserva del edificio. Edificado en piedra volcánica, ha resistido los estragos del tiempo mejor que el resto de la iglesia, que es de piedra mixta. Tradicionalmente se atribuye a los pisanos, aunque en realidad su estilo es aragonés.

### ■ MUSEO COSTANTINO NIVOLA

Via Gonare, 2; ℰ +39 0784 730 063
museonivola.it; info@museonivola.it
El museo, que ocupa una antigua lavandería, rinde homenaje a Costantino Nivola, natural de la región. Este escultor, pintor y diseñador trabajó con Le Corbusier, Niemeyer y Sert en la creación de esculturas destinadas a plazas y edificios públicos. En el museo se pueden admirar sus esculturas de mármol, primitivas abuelas y obreros sardos de inspiración cubista, así como sus pinturas y obras gráficas. También se exponen obras creadas con la técnica del vaciado en arena, que consiste en verter yeso sobre la arena modelada en negativo.

# ▌ GOLFO DE OROSEI Y BARONIA ▌

El golfo de Orosei es un lugar espectacular y, sin duda, la región costera más bonita de la isla de Cerdeña. Sus cuarenta kilómetros de acantilados calcáreos albergan cuevas submarinas, calas y playas de arena fina bordeadas por aguas cristalinas de color turquesa.

La zona, a la que solo se puede acceder en barco o a pie tras unas horas de caminata, sigue estando protegida y bien cuidada. No es raro ver un águila real o un buitre leonado sobrevolando las altas cumbres. Los espesos bosques del interior albergan muflones.

# DORGALI

El pueblo de pastores de Dorgali está situado en un puerto que domina un valle habitado desde hace miles de años, el valle del Cedrino. Todavía hoy, aquí se pueden ver muchos *nuraghi*, cerca de los cuales se han establecido algunos pueblos. Dorgali es famoso desde hace mucho tiempo por su artesanía.

### ■ CALA CARTOE

Acceso señalizado por la SS-125.
Cala Cartoe es una larga extensión de arena dorada enmarcada por dos colinas del Supramonte. Sus colores son asombrosos: piedra caliza muy blanca al sur y basalto muy oscuro al norte. Como siempre, sus aguas transparentes y las rocas ofrecen las condiciones ideales para practicar esnórquel. Se puede llegar en coche en dirección a Orosei. Esta playa fue escenario de varias escenas del *remake* de la película italiana *Travolti da un insolito destino nell'azzurro mare d'Agosto* (1974), retitulada *Barridos por la marea* (2002) y protagonizada por Madonna y Adriano Giannini.

### ■ DOLMEN MOTORRA

Este dolmen está formado por ocho piedras basálticas dispuestas en círculo y cubiertas por un enorme bloque también de basalto. Data, aproximadamente, del año 2100 a. C.

### ■ GROTTE DI ISPINIGOLI

Corso Umberto, 37
✆ +39 0784 96 243
A 5 km de Dorgali. Tome la SS-125 en dirección a Orosei y gire a la derecha tras pasar la iglesia de Su Babbu Mannu.
La larga columna calcárea de 38 metros que conecta la bóveda con el suelo es lo que hace que esta cueva sea tan especial y única. Una escalera de 280 peldaños desciende hasta la base de la cueva, que está rodeada por otros grupos de espectaculares formaciones calcáreas. En esta sima de 80 metros, donde la temperatura se mantiene constante a 15 °C, un arroyo y un fantástico juego de luces crean una atmósfera mágica. Los espeleólogos experimentados pueden continuar hasta el Abismo de las vírgenes, un estrecho corredor que se extiende a lo largo de doce kilómetros y conecta con la cueva de San Giovanni su Anzu.

### ■ MUSEO ARQUEOLÓGICO DE DORGALI

Via Lamarmora; ✆ +39 348 478 0104
www.museoarcheologicodorgali.com
museoarcheologico@comune.dorgali.nu.it
Ubicado en una antigua escuela de primaria, el Museo Arqueológico de Dorgali ofrece una visión condensada de la historia antigua de la zona. Sus tres salas presentan los restos arqueológicos encontrados en su mayoría en las cuevas de los alrededores. La primera sala estudia el Neolítico, la segunda la cultura nurágica y la tercera el periodo romano. Expone herramientas de hueso, alfarería y cerámica y réplicas de estatuas de bronce (los originales están en Cagliari)...

### ■ NURAGICO VILLAGGIO SERRA ORRIOS

SP-38
A 10 km de Dorgali. Al salir de esta localidad, tome la carretera hacia Oliena y luego gire a la derecha para tomar la SS-129 después del puente. Se llega al yacimiento por un camino de 400 m.

Este pueblo nurágico es uno de los que mejor se conserva de Cerdeña. Los cimientos de las aproximadamente sesenta cabañas sobresalen claramente del suelo. Algunas cabañas tienen una sola habitación, mientras que otras están organizadas en varias estancias, que, probablemente, se usaban para albergar animales.

El pueblo se divide en tres barrios conectados entre sí por pasajes y callejuelas. Contaba con dos templos de tipo megarón, lo que sugiere que estuvo influenciado por los pueblos del mar Egeo, ya que estas estructuras son típicas de la cultura micénica. Ambos templos estaban dedicados probablemente al culto del agua. Están protegidos por un recinto y precedidos por una antecámara. Un banco de piedra recorre la pared de la cámara principal. Se han hallado numerosas cerámicas en el yacimiento, lo que confirma que el pueblo estuvo habitado desde la Edad del Bronce hasta la Edad del Hierro. Estas piezas se conservan hoy en el Museo Arqueológico de Dorgali.

## CALA GONONE

Es la población costera de Dorgali. La localidad cuenta con una amplia playa de agua color esmeralda, la Spiaggia Central, pero también se puede llegar en barco a las playas de los alrededores, como la Cala Luna y Cala Sisine, donde la arena es blanca como la nieve.

### ■ ACQUARIO DI CALA GONONE ⭐
Via La Favorita; © +39 0784 92 0052
www.acquariocalagonone.it
info@acquariocalagonone.it
El acuario está diseñado para mostrar la flora y la fauna del Mediterráneo y de

Cerdeña. En él se exhiben trescientas especies marinas distribuidas en veinticinco tanques con 450 000 litros de agua. Sirven comidas todas las tardes. Alrededor del estanque táctil, algunas especies no dudan en salir del agua para ser acariciadas. Un pabellón está reservado a los peces tropicales y los corales. Al final de este viaje a los fondos marinos, podrá refrescarse en la terraza panorámica y contemplar las aguas cristalinas del golfo de Orosei.

### ■ ÁREA ARQUEOLÓGICA DEL NURAGHE MANNU
A unos 4 km de Cala Gonone.
Se puede llegar a la zona arqueológica siguiendo la sinuosa carretera que desciende de Dorgali a Cala Gonone. El nuraga está situado en la cima de una colina de basalto que ofrece una hermosa vista de los alrededores. Está rodeado por restos de viviendas cercadas por un muro de vigilancia. El poblado fue descubierto bajo unas ruinas romanas en 1990. Por desgracia, el nuraga se había derrumbado sobre sí mismo. En el muro exterior se construyeron cuatro nichos, probablemente para los guardias.

### ■ GROTTA DEL BUE MARINO
Las cuevas del Bue Marino deben su nombre a la foca monje, un apacible mamífero que encontró refugio en ellas hasta la década de 1980. Por desgracia, el desarrollo del turismo de masas y la apertura de las cuevas al público en la década de 1950 ahuyentaron a las focas, que ahora son una especie en peligro de extinción.
La cueva está atravesada por dieciséis kilómetros de galerías y se divide en dos ramos principales. Desde Cala Gonone,

CALA GONONE

se accede a las cuevas en barco. Tras una travesía de media hora, el barco le deja en la entrada de la cueva para que continúe a pie por un sendero que se adentra en la gruta. La visita dura unos 45 minutos.

# OROSEI ★★

Capital histórica de la Baronía, la ciudad fue un centro importante en la Edad Media y en el siglo XV. El casco urbano, típicamente mediterráneo, está repleto de callejuelas estrechas, plazas llenas de flores y casas antiguas, además de dieciocho iglesias. Orosei, situada en una zona de gran belleza natural entre la desembocadura del río Cedrino y el mar, es famosa por sus playas, Cala Liberotto y Cala Ginepro, a pocos kilómetros al norte de la ciudad.

### ■ CALA GINEPRO Y CALA LIBEROTTO ★★
Località Cala Ginepro
En la SS-125, entre Orosei y Siniscola. Señales en la carretera.
La zona que rodea estas dos playas está empezando a desarrollarse como destino turístico. El número de hoteles aún es limitado. Por ello, la cantidad de turistas es todavía razonable, incluso en pleno verano. Situada al norte de Orosei, Cala Liberotto es la mayor de las dos y está formada por una sucesión de calas interrumpidas por rocas de granito que forman divertidos desniveles para explorar con gafas y tubo. Cala Ginepro, más estrecha, se llena más rápidamente.

# POSADA

El pueblo de Posada, fundado en el siglo XI a. C., se alza sobre un espolón calcáreo dominado por el Castello della

*Castello della Fava.*

Fava. El casco histórico del pueblo es muy bonito y merece la pena visitarlo.

### ■ CASTELLO DELLA FAVA ★
Piazza Castello. ✆ +39 347 480 1421
El Castello della Fava domina la región de Posada. Su imponente cima rocosa se divisa desde la carretera que une San Teodoro y Siniscola. Se accede fácilmente a él desde las empinadas calles del centro del pueblo de Posada. El camino está muy bien señalizado. Esta fortaleza del siglo XIII fue erigida por los gobernantes del Judicato de Gallura, y después pasó a manos de los distintos conquistadores de Cerdeña. Desde lo alto de su torre almenada, el mar y los paisajes rocosos se extienden hasta donde alcanza la vista.

# BUDONI

Budoni es una localidad costera del noreste de Cerdeña. Cuenta con más

VISITA

de veinte kilómetros de playas de arena blanca y es el punto de partida de numerosas actividades deportivas y turísticas. Aquí los habitantes hablan dos dialectos: el gallurés (dialecto del norte) y el logudorés (dialecto del sur).

### ■ CALA DI BUDONI　
Entre Punta Li Cucutti y Punta Porto Ainu.
Con una longitud de cuatro kilómetros y bordeada por un pinar, siempre encontrará en ella un lugar tranquilo donde dejar la toalla. Aunque se trata de la misma playa, su nombre cambia de norte a sur. Los carteles con diferentes direcciones apuntan todos a la misma playa: Spiaggia Sant'Anna, Sa Capannizza al sur, Spiaggia Salamaghe o Li Cucutti al norte. Un pequeño tramo de playa, entre Salamaghe y Cucutti, está reservado a los perros, que por fin pueden retozar. Con su fondo rocoso, las playas del norte son más apropiadas para la práctica de esnórquel.

# SAN TEODORO　
El pequeño pueblo de San Teodoro está experimentando un fuerte desarrollo turístico ligado al éxito de la Costa Esmeralda. El litoral cuenta con largas playas de arena y pequeñas bahías que harán las delicias de los aficionados al submarinismo, la pesca de altura y el windsurf. A lo largo de la costa se extiende una extensa zona húmeda, una de las mayores de Europa, que alberga colonias de flamencos rosas.

### ■ SPIAGGIA DI CALA BRANDINCHI　
Cala Brandinchi es, sin duda, la playa más bonita de las que rodean San Teodoro. Aunque está muy concurrida en verano, aún conserva cierto aspecto salvaje. La arena es fina, suave y blanca, y los colores del mar van del azul a la turquesa. Por no hablar del pinar y los lirios, a pocos metros del agua. Con sus colores y la formación rocosa de la isla de Tavolara a lo lejos, recuerda a una playa tahitiana, de ahí el apodo de «Tahiti Beach».

### ■ SPIAGGIA LA CINTA　
Via del Tirreno
Muy cerca del centro de San Teodoro y de fácil acceso, pero aún protegida, la playa está saturada en pleno verano. Para llegar, basta con seguir la Via del Tirreno y las indicaciones hasta uno de los dos accesos con amplios aparcamientos de pago. El entorno es magnífico, el agua más que transparente, y se puede pasear a pie o a caballo por la laguna y los estanques de San Teodoro, donde los flamencos rosas y otras aves han encontrado su refugio. A lo largo de la playa hay una pista de *fitness* de tres kilómetros.

# BITTI
A pocos kilómetros de Onani, Bitti alberga la aldea nurágica de Su Romanzesu y el pozo sagrado de Poddi Arvu. También se puede visitar el museo Civiltà Contadina, dedicado a la vida y a las tradiciones de las artes y oficios de la población local. El camino hasta Bitti es largo. Enseguida se nota que se acaba de entrar en la Cerdeña más profunda. A los turistas se les mira de reojo, pero son muy bienvenidos. Este pueblo presenta una faceta más de esta hermosa región. Entre Bitti y Orune se encuentra el pozo sagrado de Su Tempiesu: un monumento (piedras de sillería de traquita) formado por un vestíbulo rectangular cubierto por dos arcos monolíticos.

# GALLURA Y LA COSTA ESMERALDA

El noreste de Cerdeña, ocupado por la histórica región de Gallura, es espléndido, rico y variado. Ofrece al visitante paisajes soberbios, un valioso patrimonio y sorprendentes contrastes. La costa de la región de Olbia es uno de los principales centros turísticos de la isla, y sin duda el más exclusivo, influido por la élite que se ha instalado en la Costa Esmeralda. En cambio, el interior de Gallura es una de las regiones rurales más auténticas y pintorescas del país. Formada por montañas desnudas, vastas extensiones de granito con formaciones rocosas insólitas y sotos de alcornoques, está llena de paisajes maravillosos y hermosos vestigios del patrimonio sardo, con bonitos pueblos antiguos con edificios de granito. La ciudad de Tempio Pausania, en particular,

cuenta con un casco urbano encantador y original. Es el corazón de una región agrícola y pastoril, cubierta de hermosos sotos de alcornoques, que no dejará indiferente a nadie. Aggius es otra pequeña y encantadora localidad de granito que parece situada en un paisaje lunar. Gallura es también la patria del vermentino, el vino blanco de Cerdeña, y cuenta igualmente con unos bonitos paisajes de viñedos. En cuanto al litoral, Capo Testa y Capo d'Orso, en el corazón de una costa repleta de suntuosas calas y playas, figuran entre los parajes naturales más bonitos de la isla, mientras que el archipiélago de La Maddalena es un pequeño paraíso marítimo, con sus aguas transparentes y sus islas salvajes.

## OLBIA

Ciudad de origen fenicio, Olbia fue colonizada posteriormente por los romanos, quienes acondicionaron su puerto para desarrollar el comercio con Roma. Debilitada por las invasiones de los vándalos, recuperó su importancia a partir del siglo XI, convirtiéndose en uno de los principales centros del Giudicato di Gallura. Olbia, la puerta de entrada a Cerdeña, es sobre todo un punto de partida para explorar las distintas partes de la isla, pues lo único interesante en la ciudad es la iglesia de San Simplicio, de estilo romano-pisano. Su construcción

en granito gris de la región data del siglo XI, pero fue restaurada en el XVI.

### ■ BASÍLICA DE SAN SIMPLICIO

Piazza San Simplicio
℅ +39 342 512 9458
www.museumtempioampurias.it

Esta notable basílica románica es el edificio más emblemático de Olbia y uno de los más importantes de Gallura, y de hecho de toda Cerdeña. Impresionante para un edificio de la época, fue erigida en granito en los siglos XI y XII. Su

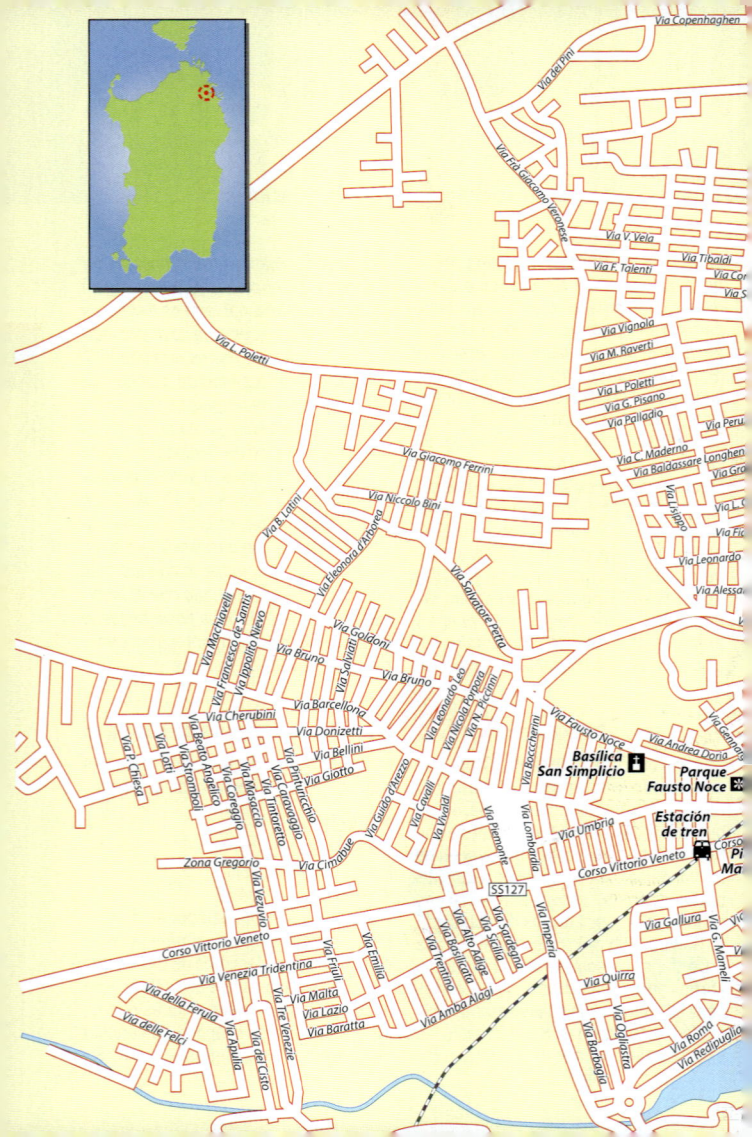

fachada muestra una influencia toscana y lombarda de la misma época. Los restos de los frescos románicos del siglo XIII todavía decoran los muros interiores. Está dedicada a la patrona de la ciudad.

### ■ MUSEO ARQUEOLÓGICO DE OLBIA

Isolotto di Peddona – Porto Vecchio
✆ +39 0789 28 290

El Museo Arqueológico de Olbia, fácilmente identificable por su arquitectura vanguardista, se alza frente al puerto viejo. Ilustra la historia local desde la época de los nuragas hasta la conquista romana. Es especialmente interesante el pecio quemado de un barco que se encuentra a la entrada. Extraído del mar frente a Olbia, data del año 450, cuando los vándalos atacaron la ciudad. El ataque se recrea mediante una llamativa instalación multimedia.

### ■ OLBIA ROMANA ★★

Olbia fue elegida por cartagineses y romanos como principal puerto comercial de la isla. Las huellas de esta actividad, que se remonta al siglo III a. C., siguen estando visibles en el centro de la ciudad, aunque estén bastante mal señalizadas.

# ▬ ALREDEDORES DE OLBIA ▬

## TAVOLARA ★★

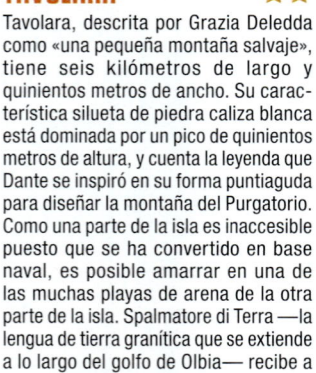

Tavolara, descrita por Grazia Deledda como «una pequeña montaña salvaje», tiene seis kilómetros de largo y quinientos metros de ancho. Su característica silueta de piedra caliza blanca está dominada por un pico de quinientos metros de altura, y cuenta la leyenda que Dante se inspiró en su forma puntiaguda para diseñar la montaña del Purgatorio. Como una parte de la isla es inaccesible puesto que se ha convertido en base naval, es posible amarrar en una de las muchas playas de arena de la otra parte de la isla. Spalmatore di Terra —la lengua de tierra granítica que se extiende a lo largo del golfo de Olbia— recibe a los visitantes con una playa en la que florecen lirios de mar en primavera. Entre las bellezas de la isla destacan sus grutas y bancos marinos, con sus numerosas especies de peces. En la parte del mar que separa Tavolara de Isola Verde, los submarinistas pueden explorar una playa de fósiles a seis metros de profundidad.

## MOLARA

Al sur de la isla de Tavolara, esta isla está completamente deshabitada y es mucho más salvaje. La isla de Molara, más pequeña y apacible, ofrece unos embarcaderos seguros y playas maravillosas. Aquí solo quedan los restos del pueblo medieval de Gurguray, oculto entre la densa vegetación y rocas de granito.

# ▬ COSTA ESMERALDA ▬

Mucha gente solo conoce Cerdeña por la Costa Esmeralda. De hecho, esta región de enorme potencial turístico atrae cada año a más turistas. Punto de encuentro de

# COSTA ESMERALDA

**Playa**
**Población**

Isola delle Bisce

Isola Nibani

Monte Zoppa
139 m

Golfo di Pevero

Il Pevero

Romazzino

Capriccioli

Cala di Volpe

Hazzo di Juncu

Rena Bianca

Porto Cervo

Pantagià

Monte Moro
421 m

Poltu Cuatu

Monte Turitta
311 m

Cala Bitta

Baia Sardinia

Punta Baignoni
197 m

San Pantaleo

4 km

0

GOLFO DI AZACHENA

Lu Nibbaru

L'Ultceddu

Cala Lapra

Golfo delle Saline

Baia Sardinia

La Conia

Cannigione

CAPO D'ORSO

Arzachena

la élite internacional, la Costa Esmeralda es famosa por sus tiendas de lujo y sus prestigiosos clubes náuticos.

# PORTO ROTONDO

Porto Rotondo se fundó en 1967. La infraestructura de la *ciudad* se organiza en torno al puerto, donde están amarrados numerosos yates y veleros. Un paseo marítimo rodea el puerto y une las distintas plazoletas. El conjunto parece un pueblo mediterráneo teñido de ocre, que recuerda a un decorado de película. A primera vista, la localidad puede parecer *artificial*, pero hay que afirmar que aquí todo es homogéneo y que no hay ningún edificio alto que estropee el paisaje.

### ■ SPIAGGE

Porto Rotondo cuenta con varias playas de aguas transparentes, de ensueño, como las de las postales. Son bastante pequeñas, por lo que hay que llegar pronto si quiere colocar la toalla. Aparcar en los alrededores puede ser complicado, incluso para una escúter. Algunas tienen aparcamiento de pago, que obviamente es caro. Entre las playas, recomendamos Rudargia, la primera al entrar en la ciudad, las playas dei Sassi y delle Alghe, y Punta di Volpe en la punta de la península.

# CALA DI VOLPE

Cala Di Volpe no es propiamente un pueblo. Pero, entre Porto Cervo y Porto Rotondo, es donde se reúne todo el mundo, ante el golfo de Congianus más salvaje, entre las numerosas playas ocultas entre la vegetación mediterránea, un lujoso campo de golf y los hoteles que han elegido establecerse allí.

# PORTO CERVO

Al igual que Porto Rotondo, Porto Cervo es un punto de encuentro de la élite internacional. En el puerto, suntuosos yates se codean con magníficos veleros. En la ciudad, se suceden las casas y tiendas de lujo, las agencias inmobiliarias y elegantes restaurantes. La iglesia Stella Maris llama la atención por su brillante blancura y su silueta surrealista. Alrededor del puerto, las numerosas residencias privadas dejan poco espacio a las playas públicas. Los hoteles compiten en lujo y esplendor. Sus precios también.

# BAJA SARDINIA

Este pueblo situado al norte de Porto Cervo, cuenta con una amplia y hermosa playa de arena blanca fina y varios hoteles de lujo. Su puerto deportivo, Poltu Quatu, está a 2 km en dirección a Porto Cervo. Al este de la bahía de Baja Sardinia se alza Colle Battistoni, una colina desde la que se disfruta de hermosas vistas de la Costa Esmeralda y del archipiélago de La Maddalena.

# ARZACHENA

Arzachena es la capital de la Costa Esmeralda. Administra Baja Sardinia y Porto Cervo, pero no se parece en nada a estas sofisticadas ciudades de la costa. Hasta los años 1960, la localidad vivía de la ganadería y la agricultura, pero la construcción de complejos turísticos en la costa orientó su actividad hacia el turismo. Sin embargo, Arzachena carece de interés, salvo por la extraña formación granítica con forma de hongo (*il fungo*) que la domina y su antiguo centro histórico. Numerosos indicios señalan que sirvió de refugio entre el neolítico y la época nurágica. La iglesia de Santa Lucia, en lo alto del pueblo, ofrece una hermosa vista panorámica de toda la región.

### ■ COMPLEJO NURÁGICO DE MALCHITTU ⭐⭐

Localidad Malchittu; SS-125
© +39 078 981 391
El Complejo Nurágico de Malchittu promueve los vestigios arqueológicos de la región dedicándoles un espacio didáctico: la tumba de los gigantes Coddu Vecchiu y Li Lolghi, el nuraga La Prisgiona, Albucciu y el Tempietto di Malchittu, entre muchos otros. En total son siete, aunque solo algunos son imprescindibles. Aquí puede adquirir un pase cuyo precio varía según el número de lugares que elija visitar. Hay que tener en cuenta que se necesita aproximadamente medio día para visitar dos. Los sitios esenciales son el nuraga La Prisgiona y las tumbas de los gigantes de Li Lolghi y Coddu Vecchiu.

### ■ NURAGA ALBUCCIU ⭐

Localitá Albucciu
Para llegar, tome la carretera SS-125 (que une Arzachena con Olbia) durante 2 km y, a continuación, gire a la derecha.
Del siglo XI a. C. y bien escondido bajo los olivos, merece una visita. Situado en la cima de una colina, tal y como exige su función como estructura defensiva, el nuraga ofrece una magnífica vista de la llanura de Arzachena.

### ■ NURAGA LA PRISGIONA ⭐⭐

Localitá Capichera
Uno de los yacimientos nurágicos mejor conservados, estuvo enterrado en la arena durante mucho tiempo. Tras largas excavaciones, se abrió al público en 2009. Las visitas guiadas son muy interesantes y

abarcan toda la civilización nurágica en general. El nuraga consta de una torre principal y dos torres con dos lóbulos unidas por una muralla. El conjunto se conserva en buen estado, al igual que los cimientos de la aldea que defiende.

### ■ TOMBA DEI GIGANTI DI CODDU VECCHIU ⭐

Desde Arzachena, siga las indicaciones hacia Luogosanto.
Es una de las pocas tumbas gigantes de fácil acceso. Una estela de 4,40 m de altura, formada por dos bloques de granito superpuestos, es atravesada por una pequeña puerta que conduce a un pasillo funerario cubierto de catorce metros de longitud.

### ■ TOMBA DEI GIGANTI DI LI LOLGHI ⭐⭐

Desde Arzachena, siga las indicaciones hacia Luogosanto.
Esta tumba de gigantes destaca por su tamaño y su ubicación en lo alto de una colina. La fachada de estelas alineadas forma una gran exedra ante la que se celebraban las ceremonias funerarias.

# CANNIGIONE

A solo 10 km de Arzachena, este pequeño pueblo pesquero de unos 1800 habitantes ha preservado un poco más su identidad y su carácter salvaje que el resto de localidades de la Costa Esmeralda. En los últimos diez años, Cannigione ha experimentado un auge turístico, con la aparición de infraestructuras hoteleras, restaurantes y tiendas. Las playas son hermosas, aunque no muy amplias, y pueden estar abarrotadas en plena temporada. Para evitar las aglomeraciones, atraviese el pueblo en dirección al Hotel Sporting, donde encontrará playas

VISITA

salvajes como Tanca Manna. Cannigione ofrece una interesante alternativa al resto de lugares de la Costa Esmeralda: una forma de turismo más popular.

## SAN PANTALEO

A pocos kilómetros del brillo y el glamur de la Costa Esmeralda, el bonito pueblo de San Pantaleo se ha convertido en refugio de escultores, pintores y ceramistas en busca de tranquilidad. Se han instalado aquí respetando el carácter de las viviendas de Gallura, las antiguas cabañas de pastores. Se llega por la carretera panorámica Orientale Sarda, que une Olbia con la Costa Esmeralda.

## GOLFO ARANCI

Esta localidad costera es menos artificial que el resto de puertos de la Costa Esmeralda y menos céntrica: está situada al sur, en el cabo Figari, a diez kilómetros de Olbia. Esta zona está relativamente preservada, al igual que las playas de arena y los acantilados de piedra caliza que conforman el litoral. El sendero que lleva al faro del cabo Figari es un bonito paseo por una zona aún salvaje de la Costa Esmeralda. El pueblo en sí es alargado, con una hermosa playa que se extiende hasta la terminal marítima.

# PALAU Y SU REGIÓN

La zona que separa Palau de La Maddalena alterna vientos a menudo violentos con periodos de calma. Se dice incluso que Homero pensó en este lugar cuando escribió *La Odisea*... La navegación a vela sigue siendo muy popular en esta zona, que goza de excelentes condiciones para la práctica de este deporte. La región ha estado ocupada desde la prehistoria, como demuestran los restos nurágicos hallados en Monti Canu, una colina de granito que separa los territorios de Palau y Arzachena. Hoy en día, se puede visitar la tumba de los gigantes de Li Mizzani. Los que prefieran un paseo más pintoresco pueden tomar el *trenino verde*, un pequeño tren turístico que permite admirar los bellos paisajes del campo gallurés.

## PALAU

Palau es una pequeña ciudad turística de visita obligada para quien desee conocer el archipiélago de La Maddalena. Aparte de su ubicación privilegiada, la localidad no es especialmente interesante, pero cuenta con una buena infraestructura turística.

■ **FORTEZZA DI MONTE ALTURA**
Località Montiggia
✆ +39 0789 770 822
itinere.palau@tiscali.it
Construida a finales del siglo XIX por los piamonteses poco después de la unidad de Italia, la fortaleza de Monte Altura fue diseñada para proteger la isla de posibles ataques enemigos. Desde su posición panorámica en la carretera que lleva de Palau a Porto Rafael, la vista se extiende hasta Córcega.

■ **MUSEO ETNOGRÁFICO**
Via Nazionale, 111. Località Montiggia
✆ +39 0789 770 824
palauturismo.com; turismo@palau.it
Este museo permite estudiar las tradiciones de Cerdeña y descubrir antiguos

objetos cotidianos fabricados por los primeros artesanos.

### ■ SPIAGGE DI PALAU

El municipio de Palau cuenta con 21 playas, algunas más grandes que otras. Punta Nera e Isolotto, a la derecha del puerto deportivo, Palau Vecchio o Porto Faro, en la carretera del Capo d'Orso, la diminuta Galatea o la gran La Sciumara son algunas de las más accesibles. Las más solitarias requieren un buen GPS y atravesar el monte, como la playa de punta Cardinalino o la de la cala Stintino.

## CAPO D'ORSO ⭐⭐

Cuando llegue a la roca esculpida por el viento con forma de oso, deje el coche en el aparcamiento y continúe a pie; la subida dura unos 10 minutos. El oso de granito se alza en la cima de una colina de 120 m de altura visible desde el mar. Esta escultura natural ha fascinado a los navegantes desde tiempos inmemoriales: Ptolomeo ya la mencionaba en sus libros de geografía. En *La Odisea,* Homero también menciona la *artacia,* la fuente del oso, de la que sacaban agua los *Lestrigoni,* los crueles gigantes que devoraron a parte de la tripulación de Ulises.

## PORTO RAFAEL

A principios de los años 1960, el conde español Rafael Neville desembarcó en la bahía de Nelson y se enamoró de ella. Construyó aquí una casa, a la que siguieron muchas otras, convirtiendo Porto Rafael en un precioso y lujoso pueblo al estilo de la Costa Esmeralda, pero un poco más auténtico. Rafael Neville murió en 1996. Además de su nombre de pila, dejó su impronta en Porto Rafael, hasta el punto de que los

© HUGO CANABI – ICONOTEC

VISITA

*Capo d'Orso.*

lugareños y las personas que le conocieron le hablarán de él con admiración. Escondidas entre la vegetación de granito hay magníficas villas con vistas al mar esmeralda y a las rocas rosadas de La Maddalena. También puede pararse en la encantadora *piazzetta.* O continuar más allá del pueblo, adentrándose en la naturaleza, para llegar al mirador que está en lo alto de una roca.

### ■ PORTO PUDDU

Al oeste de Porto Rafael se encuentran las interminables playas blancas de Porto Puddu y Porto Pollo, el paraíso de los surferos en Cerdeña.

### ■ TOMBA DEI GIGANTI DI LI MIZZANI ⭐⭐
Via Monti Canu

Esta tumba, especialmente bien conservada, data de la mitad de la Edad de Bronce. La estela central es un imponente monolito de 2,80 metros de altura y

1,50 metros de ancho. Da acceso a una cámara funeraria rectangular con más de seis metros de largo. El poblado nurágico del que dependía esta necrópolis está oculto unos cientos de metros más allá, al igual que los restos del nuraga.

## PORTO POLLO E ISOLA DEI GABBIANI

Situada a ocho kilómetros de Palau, de camino hacia Santa Teresa di Gallura, esta península, más conocida en los mapas como L'Iseuledda, es el paraíso de los amantes del windsurf y de kitesurf. La espectacular playa de Porto Pollo se extiende a ambos lados de la península. Una parte se reserva a los windsurfistas y la otra a los bañistas. La península alberga

*Playa aislada en La Maddalena.*

un enorme camping y numerosos clubes de windsurf, kitesurf y submarinismo. En las dos playas de este lugar tan especial reina un ambiente joven y acogedor.

## ◼ ARCHIP. DE LA MADDALENA ◼

Cuando los movimientos tectónicos separaron Córcega de Cerdeña, el mar se apresuró a cerrar el pasillo entre ambas islas, dejando solo visible en su superficie el relieve más elevado. Así surgió el archipiélago de La Maddalena, formado por siete islas principales: La Maddalena, Caprera, Santo Stefano, Spargi, Razzoli, Budelli y Santa Maria, y unas cuantas islas menores circundantes: Mortorio, Soffi, Nibani, Capuccini... Las «siete hermanas» han recibido el título de Parque Nacional Geomarino. Con sus 12 000 hectáreas y 180 kilómetros de costa, fue el primer parque nacional creado en Cerdeña. Estas islas de gran belleza son también territorios históricos, marcados por acontecimientos y figuras históricas tan famosas como Napoleón, Garibaldi, Nelson o Mussolini.

### LA MADDALENA    ★★★

Es la capital y la isla más grande del archipiélago (con una superficie de 20 km² y una población de unos 15 000 habitantes). La única ciudad de la isla se llama también La Maddalena (11 000 habitantes). La ciudad de La Maddalena es un pequeño puerto encantador, con muchos turistas en verano, pero muy agradable fuera de temporada. Una carretera panorámica de unos 20 km kilómetros rodea la isla y permite disfrutar de unas vistas magníficas de las islas vecinas (e incluso de Córcega cuando hace buen tiempo). Si va a pasar al menos un día en la isla, le recomendamos que embarque el coche en el ferry o alquile uno en la zona. La ciudad también está cerca de algunas de las playas más bonitas de Cerdeña: Spalmatore y Cala

Trinità, en concreto, son famosas por sus aguas cristalinas y sus costas vírgenes. La localidad se puede visitar perfectamente a pie, en un paseo muy agradable.

### ■ MINAS DE GRANITO DE LA MADDALENA Y SANTO STEFANO

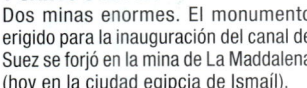

Dos minas enormes. El monumento erigido para la inauguración del canal de Suez se forjó en la mina de La Maddalena (hoy en la ciudad egipcia de Ismaíl).

### ■ PARCO NAZIONALE DELL'ARCIPELAGO DI LA MADDALENA

Via Giulio Cesare, 7
℡ +39 0789 790 233
www.lamaddalenapark.it
info@lamaddalenapark.org

Con sus cincuenta hectáreas y 180 kilómetros de costa, se trata del primer parque nacional creado en Cerdeña, en 1996. El parque incluye unas sesenta islas e islotes y la zona marina que los rodea. Ya era hora, porque cada año acude aquí una gran cantidad de turistas atraídos por las rocas de granito esculpidas por el viento, las aguas cristalinas y las pequeñas playas paradisíacas. El archipiélago es una reserva natural excepcional gracias al poco impacto humano sobre su paisaje.

Su posición estratégica en esta parte del Mediterráneo ha permitido que algunas celebridades desembarcaran allí. Napoleón Bonaparte y el almirante Nelson pisaron su suelo. Giuseppe Garibaldi desembarcó en la isla de Caprera y permaneció allí hasta el año de su muerte, en 1882. Las islas de La Maddalena y Caprera, conectadas por un dique, pueden visitarse en coche. Sin embargo, es mucho mejor explorar el archipiélago en barco para disfrutar de las islas más aisladas, las aguas de color azul turquesa, los delfines juguetones y los espléndidos fondos marinos. Los aficionados al buceo quedarán encantados con la excelente visibilidad y los senderos arqueológicos submarinos habilitados.

### ■ SPIAGGE

Conocidas por su naturaleza salvaje y sus aguas excepcionalmente transparentes, las principales playas de la isla son todas dignas de mención. Ofrecen hermosas vistas panorámicas de la costa sarda.

▶ **Punta Tegge** (2,5 km al oeste). Toma su nombre de las rocas de granito pulido que la rodean, ya que *teggi* significa «tejas».

▶ **Cala Francese** (5 km al noroeste). Esta cala conserva las huellas de una antigua cantera de granito y ofrece unos fondos marinos espectaculares. Desde aquí se divisa el santuario de la Madonnetta dei Pescatori, construido sobre una pequeña colina.

▶ **Bassa Trinità** (5,3 km al noroeste). Es una de las playas más grandes y más concurridas. Su nombre procede de una cercana iglesia del siglo XVIII.

▶ **Monti d'A Rena** (5,1 km al norte). Esta hermosa playa está rodeada por una gran duna de finos guijarros.

▶ **Cardellino** (5,5 km al norte). Orientada hacia la isla de Cardellino, su posición le permite estar siempre protegida de los vientos.

▶ **Cala Lunga** (6,6 km al noreste). Está rodeada de un rico maquis mediterráneo. Siempre está llena de embarcaciones y turistas del pueblo residencial cercano.

▶ **Cala Spalmatore** (5,1 km al noreste). Fácilmente accesible en coche o autobús. También ofrece tumbonas y bar.

VISITA

# CAPRERA

Caprera, la segunda isla más grande del archipiélago, es la isla de Garibaldi. El «padre de la Unidad italiana» vivió aquí veinte años y murió en 1882. En la actualidad, la isla está unida a La Maddalena por un puente que data de 1891, el Passo della Moneta. La flora de la isla está especialmente bien conservada, con pinares, alcornoques y maquis mediterráneos de mirto y lentisco. La Casa del Eroe domina esta pequeña isla donde Giuseppe Garibaldi depositó su equipaje en 1856.

Toda la isla tiene interés, desde el puente hasta Punta Rossa, al sur, al Becco di Vela, que se eleva a 160 m, al norte. De un extremo a otro, una carretera asfaltada facilita el paseo.

## ■ COMPENDIO GARIBALDINO DI CAPRERA ⭐⭐

✆ +39 0789 727 162

Un museo y un cementerio forman parte del centro, que ocupa la casa en la que vivió Garibaldi los últimos años de su vida. Se puede visitar su dormitorio, decorado con retratos de su última esposa y sus hijos. Se conserva todo el mobiliario, junto con reliquias como un mechón de pelo de Anita, la primera esposa de Garibaldi, que murió en Venecia tras huir de Roma. También pueden verse las sillas de ruedas que utilizó el héroe, herido en una pierna durante una batalla, así como una cama de campaña y su lecho de muerte.

En la entrada de su casa se exponen retratos de los camaradas de Garibaldi, así como las condecoraciones que obtuvo en Italia y Uruguay. También hay un retrato suyo pintado por el artista Saverio Altamura en 1860 y un busto esculpido por Leonardo Bistolfi tras su muerte. En el jardín aún se conserva un árbol plantado por Garibaldi con motivo del nacimiento de su última hija, Anita. En los establos se halla la tumba de su caballo, Marsala. La tumba de granito del héroe es muy sencilla. Junto a ella están las tumbas de su esposa, dos de sus hijas y uno de sus hijos. En el jardín aún puede verse un molino.

## ■ MEMORIAL GIUSEPPE GARIBALDI ⭐⭐

Forte Arbuticci. ✆ +39 0789 727 162
www.garibaldicaprera.beniculturali.it
casagaribaldi.info@beniculturali.it

Ubicado en la antigua fortaleza militar Arbuticci, este museo, inaugurado en 2012, merece una visita aunque solo sea por la impresionante vista que ofrece de Caprera. También es un interesante museo interactivo que repasa toda la vida de Giuseppe Garibaldi desde su nacimiento hasta su muerte. Sin embargo, la información solo se ofrece en italiano.

## ■ SPIAGGE ⭐⭐

Menos frecuentadas por los turistas y menos ruidosas que las de la isla principal, las playas de Caprera son mucho más bonitas. Rodeadas de algunos barcos durante el verano, son muy conocidas entre los aficionados a las regatas.

▶ **Cala Garibaldi.** Es la primera playa a la que se llega tras cruzar el puente.

▶ **En la parte oriental de la isla,** Cala Coticcio está considerada una de las playas más bonitas de Cerdeña. Apodada Tahití, se caracteriza por sus rocas de granito rosa. Más al sur, Cala Brigantina, protegida por el monte Telaione, es muy popular entre los aficionados al esnórquel.

▶ **En el extremo sur de la isla,** la playa de Cala Portese está rodeada de pequeñas dunas de arena muy fina.

▶ **En el norte de la isla Rossa,** hay tres pequeñas playas rosadas que solo son accesibles en barco.

▶ **En el lado este de la isla Rossa,** un pecio yace en la orilla de la playa blanca de Relitto. Esta zona del parque está totalmente protegida. Cerca, siguiendo hacia el sur, la playa de Punta Rossa, rodeada de arrecifes de granito rosa, también está protegida. Volviendo hacia el istmo que une Caprera con la isla Rossa, se llega a las dos pequeñas playas de Cala Portese.

▶ **Siguiendo hacia el suroeste desde Caprera,** se llega fácilmente en coche a la playa de Porto Palma. Las diminutas playas de Monte Fico, en la punta de la isla, solo son accesibles en barco.

▶ **En el lado oeste de la isla, Cala di Stagnali,** donde los pescadores amarran ahora sus barcos, fue utilizada por los militares del pueblo de Stagnali como punto de aprovisionamiento a principios del siglo XX.

# SANTO STEFANO

Situada entre Cerdeña y La Maddalena, la isla de Santo Stefano posee un patrimonio natural excepcional debido a sus rocas de granito claro, de las que está formado el monte Zucchero. Hoy en día, la isla, que durante muchos años fue el principal fuerte militar del archipiélago, está deshabitada.

▶ **El fuerte de San Giorgio,** construido bajo el dominio de la casa de Saboya, también es llamado fuerte de Napoleón, quien dirigió desde este lugar sus bombardeos contra la isla de La Maddalena durante la guerra sardo-francesa. Cerca de la costa, se puede ver una pequeña isla de unos veinte metros llamada Isolotto della Paura, (isla del Miedo), donde el barco del ejército italiano *Isolotto Roma,* fue abatido por los alemanes en septiembre de 1943.

▶ **Al bajar hacia el sur,** llegaremos a la Cala Vela Marina, donde encontramos un muelle construido a principios de 1900 y utilizado para el tráfico de granito y para operaciones militares hasta la Segunda Guerra Mundial. Aquí, abandonada desde 1943, sigue estando la cabeza de la estatua de Costanzo Ciano, miembro de la familia de Galeazzo Ciano, yerno y ministro que Benito Mussolini hizo ejecutar tras la caída de su gobierno. La estatua, encargada por el gobierno fascista, debería haber medido trece metros y formar parte del museo de la familia Ciano cerca de Livorno.

▶ **En la costa sur de la isla,** solo se puede llegar en barco a las playas de Punta di Santo Stefano y Cala Levante. En cambio, la costa oriental está vetada. Hasta hace poco era un emplazamiento militar para los submarinos nucleares estadounidense de la OTAN.

■ **ISOLOTTO ROMA**
Un monumento, muy visible desde la carretera que une Palau y La Maddalena, se erigió sobre el Isolotto en memoria de los marineros italianos muertos aquí durante la Segunda Guerra Mundial. Su nombre proviene del barco hundido aquí con 1948 marineros a bordo, de los que murieron 1352.

■ **SPIAGGIA DEL PESCE**
La playa de Pesce, en el Isolotto Roma, es la más grande y la más conocida. Aquí

VISITA

desembarcan los turistas que llegan de Palau o La Maddalena.

# SPARGI

La isla de Spargi es famosa por las preciosas playas de su costa oriental. A esta bonita isla se llega en el barco que sale del puerto de La Maddalena y atraca en el antiguo espigón militar de Cala Corsara. No hay excursión organizada que no se detenga en las aguas esmeraldas de esta playa, que toma su nombre de los piratas corsos que la usaban como refugio debido a su profundidad. Las rocas de granito que rodean la playa han sido esculpidas por los vientos con formas que recuerdan la península italiana, un *bulldog* y una cabeza de bruja. Aquí, en la Secca Corsara, a dieciocho metros de profundidad, un submarinista descubrió en 1939 los restos de un barco romano de 150 toneladas y 35 metros de eslora. Su carga estaba intacta: el barco había sido hundido por los piratas después de haber sido aprovisionado. Debido a la guerra, el barco no se recuperó hasta la década 1950. Gran parte de la estructura y las ánforas que contenía fueron robadas hasta que, treinta años después, sus restos fueron transportados al Museo Naval de La Maddalena.

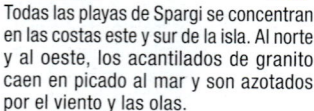

### ■ SPIAGGE ⭐⭐

Todas las playas de Spargi se concentran en las costas este y sur de la isla. Al norte y al oeste, los acantilados de granito caen en picado al mar y son azotados por el viento y las olas.

▶ **Cala Corsara.** Es la playa más bonita de esta pequeña bahía protegida. Su arena de color blanco y su fina textura harinosa, hace que apetezca volver una y otra vez.

▶ **Cala Conneri.** También conocida como Cala dell'Amore, se halla en la costa este de Spargi, al igual que la vecina Cala Granara.

▶ **Cala d'Alga.** Esta playa, al suroeste de Spargi, se caracteriza por su arena rosada. Está resguardada tras una barrera rocosa semisumergida. No muy lejos de aquí, Cala Piscioli toma su nombre de los numerosos peces que habitan sus aguas.

▶ **Cala Soraia.** También conocida como Cala Boomerang por su forma de media luna, se caracteriza por su arena blanca. Se llega a través de las playas de Cala Bonifazzinca y Cala Canniccio. Estas playas están rodeadas de grandes rocas de granito esculpidas por el viento, mientras que el interior está cubierto por una maquia densa y virgen.

# BUDELLI

Desde Spargi, la ruta tradicional se dirige hacia la isla de Budelli, donde se encuentra la famosa Spiaggia Rosa, llamada así por el color rosado de su arena, color que se debe a la elevada presencia de conchas trituradas, en particular las de la rosada *Miniacina miniacea*. Esta playa fue inmortalizada por Michelangelo Antonioni en una larga secuencia de su película *El desierto rojo* (1964).

Desgraciada, o afortunadamente, para preservar el carácter especial de este excepcional monumento natural, no está permitido acercar las embarcaciones a la orilla, ni pasear por la playa.

### ■ SPIAGGIA ROSA ⭐⭐

Es una playa mítica. La más fotografiada y concurrida por su arena rosa. El color se debe a un microorganismo que vive en la posidonia, una planta de los fondos marinos costeros. En 1999, la Spiaggia Rosa se convirtió en una zona protegida por el consejo del parque de La Maddalena. Desde entonces, está prohibido bañarse y acercarse en barco a lo largo de sus aguas para salvaguardar este singular ecosistema. El director de cine Michelangelo Antonioni rodó aquí *El desierto rojo* con Monica Vitti en 1964.

## RAZZOLI

Esta isla solitaria es sin duda la más salvaje del archipiélago y la que marca el límite noroeste. Sus playas no están a la altura de las de Caprera o Spargi, en cambio sus arrecifes son dignos de mención por el aspecto que les ha dado la erosión.

# GALLURA INTERIOR

VISITA

El interior de Gallura es el reino de las actividades agropecuarias, del corcho y las casas de granito. La capital histórica de esta región es Tempio Pausania, antigua capital del Giudicato de Gallura.

## TEMPIO PAUSANIA ⭐

¡Un soplo de aire fresco! Por fin un pueblo auténtico, alejado de la extravagancia de la Costa Esmeralda. Enclavado en el corazón del paisaje montañoso de Gallura, Tempio Pausania está dominado por el majestuoso monte Limbara. Esta encantadora ciudad de unos 15 000 habitantes reivindica ahora el título de capital de Gallura, generalmente atribuido a Olbia, porque cree que se adapta mejor a sus calles adoquinadas llenas de carácter, sus iglesias de granito y su agradable ambiente.

A partir del siglo XII, los sucesivos ocupantes de la isla edificaron numerosos palacios e iglesias con el granito gris local, alrededor del centro histórico de la plaza Gallura, cuyos cimientos datan de la época prehistórica y romana.

■ **CATTEDRALE DI SAN PIETRO**
Via San Pietro

Fundada en el siglo XV y ampliada en los siglos siguientes, la catedral de la ciudad fue completamente remodelada hacia 1830. Del edificio original, solo se conservan la base del campanario y la fachada norte. Se diseñó una nueva fachada neoclásica para el frontón sur. La planta de una sola nave crea la ilusión de un crucero con las dos grandes capillas a los lados del coro. Cuenta con dos hermosos altares de madera del siglo XVIII, mientras que el altar mayor, el púlpito y la pila bautismal son de mármol de Génova.

■ **MONTE LIMBARA**
La mejor vista de la parte norte de la isla se obtiene desde el monte Limbara (1359 m), la montaña situada al sur de Tempio Pausania. Se asciende a él por una carretera llena de curvas cerradas, durante unos diez kilómetros a través de un bosque de pinos. Hay senderos que conducen a varios miradores, como el la Madonna, la cima o la Punta Balistreri, salpicada de crestas pedregosas. Las vistas desde la cima se extienden hasta el mar y, con buen tiempo, incluso se puede ver Córcega. Las columnas de granito son perfectas para los amantes de la escalada.

### ■ MONTE PULCHIANA

Con su extraña forma cónica, el monte Pulchiana (674 m) se alza sobre un caótico telón de fondo de grandes rocas de granito y matorrales. La carretera que parte de la SS-133 a 10 km de Tempio, permite adentrarse en este insólito paisaje. Enseguida se incorpora a la carretera de Aglientu, desde donde puede girar a la izquierda hacia Cant. Scupetu, y después a la derecha hacia la iglesia de San Pietro di Ruda. Atravesará magníficos paisajes. La carretera desemboca en San Filippo, desde donde puede dirigirse al Valle de Luna para hacer un recorrido completo por este formidable paisaje y regresar por Aggius.

## CALANGIANUS

A solo 5 km de Tempio, en dirección a Olbia, el tranquilo pueblo de Calangianus (4000 habitantes) está rodeado de bosques de alcornoques. Aquí se ha desarrollado con fuerza la industria del corcho, y en los alrededores abundan los talleres y pequeñas fábricas. Aquí se halla la única escuela de formación profesional de Italia dedicada al corcho. En la pequeña plaza del pueblo hay varios cafés con terrazas donde se reúnen los lugareños. En esta región también se produce miel amarga, muy utilizada en la fabricación de *seadas,* pasteles rellenos de queso fresco y ralladura de limón, fritos en aceite hirviendo y cubiertos de miel amarga y azúcar.

### ■ MUSEO DEL SUGHERO ⭐⭐

Via San Francesco, 3
✆ +39 079 662 034
El Museo del Corcho de Calangianus recorre la historia de este trabajo tradicional en la región. Orgullo del país, el

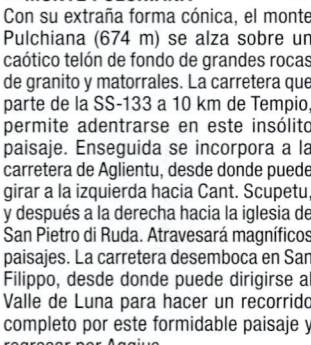

museo ocupa un antiguo convento franciscano del siglo XVIII. En sus dos plantas se exponen antiguas herramientas de trabajo, máquinas y utensilios utilizados en el pasado para cultivar y trabajar el corcho.

## AGGIUS ⭐

Rodeado por las cumbres de granito de los montes La Croce y Sozza, conocidos como los montes de Aggius, este pequeño pueblo es el centro del arte textil tradicional de Gallura. Un antiguo laboratorio textil ha sido transformado en museo etnográfico. En el centro del pueblo se puede visitar la iglesia de la Santa Croce, un templo muy sencillo con el estilo de Gallura. Aggius es también un punto de partida para visitar el Valle de la Luna. El pueblo, construido enteramente en granito, es magnífico.

### ■ MUSEO DEL BANDITISMO ⭐⭐

Via Pretura, 1. ✆ +39 349 453 3208
www.museodiaggius.it
Aggius es famosa por su tejido de alfombras de lana. Pero también lo es por haber sido el epicentro del bandolerismo durante casi tres siglos, del XVI al XIX. Una exposición revive la historia del bandolerismo a través de una colección de armas, objetos, fotografías, etc.

### ■ VALLE DELLA LUNA ⭐

Situado en los montes de Aggius, hay que tomar la carretera panorámica, señalizada al salir del pueblo. Si continúa por esta ruta panorámica, llegará a una meseta salpicada de grandes rocas de granito: es el valle de la Luna, uno de los rincones más pintorescos de Gallura, un paisaje casi desértico, con formas insólitas. Un lugar muy fotogénico que no lleva su nombre por casualidad...

# COSTA DE GALLURA

La parte norte, de Santa Teresa a Isola Rossa, es con mucho la más impresionante, caracterizada por sus rocas de pórfido rojo. Sus costas son escarpadas y están esculpidas por el viento.

## SANTA TERESA DI GALLURA ★★

Situada en el extremo norte de la isla, Santa Teresa di Gallura es una ciudad única en Cerdeña. Quizás sea por los escasos diez kilómetros que la separan de Córcega, visible en los días despejados, o tal vez porque la cercanía de la Costa Esmeralda resalta aún más su carácter auténtico. Este antiguo pueblo de pescadores, con sus pequeñas casas características, conserva su encanto original y singular, mientras que las estructuras turísticas se integran sin problemas en este entorno tradicional. La plaza central es el punto de encuentro de los turistas y los habitantes locales, que conviven en un ambiente amigable. Las pequeñas calles peatonales que parten de la plaza albergan numerosos heladerías, tiendas de recuerdos y artesanías locales. La hermosa playa de Rena Bianca, cercana a la plaza principal, está bañada por aguas transparentes de color turquesa. Por último, el paseo marítimo que bordea las torres españolas ofrece vistas de los acantilados calcáreos de Bonifacio.

### ■ CAPO TESTA ★★★

La península de Capo Testa, un promontorio de granito conectado por un istmo, es uno de los lugares más hermosos y salvajes de Cerdeña. Se accede al cabo por una espectacular carretera panorámica cuyo final se encuentra en Cala

Spinosa, justo antes del faro. En verano se recomienda aparcar bastante antes o llegar temprano, ya que las plazas de aparcamiento se llenan rápidamente. Los enormes bloques de granito pulidos por el viento confieren a este lugar una dimensión majestuosa y sobrenatural, con formas antropomórficas en algunas rocas que resultan sorprendentes. Capo Testa también es un lugar donde se siente el aliento de la naturaleza y la lentitud del tiempo. Recorrer los macizos rocosos esculpidos por el tiempo y descubrir las pequeñas calas paradisíacas fue una de nuestras experiencias más bellas en Cerdeña, especialmente al contemplar una puesta de sol sobre el mar: inolvidable.

▶ **Cala Spinosa,** bajo el restaurante, es una cala de rocas pulidas que descienden hacia un agua esmeralda frente a Córcega.

▶ **Cala Francese,** debajo del faro, es una pequeña playa de arena dorada escondida entre paredes de granito. ¡Mágica!

▶ **Cala Grande y el valle della Luna,** al suroeste de la península. Aquí, una pequeña comunidad *hippie* ha encontrado su hogar en cuevas de granito o cabañas improvisadas cerca de la playa. Único y sorprendente.

### ■ COMPLESSO NURAGICO DI LU BRANDALI ★★

Località Lu Brandali
Desde la Via Nazionale, gire a la izquierda y diríjase 700 m hacia el mar, hacia la bahía de Santa Reparata. Este conjunto presenta todas las características de los vestigios nurágicos, con un nuraga, un poblado y una tumba de gigantes. Visita muy agradable.

VISITA

### ■ SPIAGGIA RENA BIANCA ⭐⭐

Es la playa principal de Santa Teresa di Gallura. Se encuentra debajo del casco antiguo. Situada entre la isla de Municca y Capo Falcone, esta cala de arena fina es famosa por sus aguas de color esmeralda, que apenas se ven alteradas por las olas cuando sopla el viento.

### ■ TORRE DI LONGOSARDO ⭐

Magnífico ejemplo defensivo levantado por los aragoneses, que habían construido un sistema de torres defensivas a lo largo de toda la costa sarda para poder hacer frente rápidamente a la llegada de cualquier invasor. La torre de Santa Teresa, conocida como Torre Spagnola, data del siglo XVI y ofrece una magnífica vista panorámica de la costa de granito de Gallura y, enfrente, de los blancos acantilados de Bonifacio. Situada en el promontorio natural de Punta Falcone, los lugareños la llaman «torre Longosardo».

# AGLIENTU

Este pueblo de unos mil habitantes, situado a unos 15 km de Santa Teresa di Gallura, es famoso por la belleza de sus playas, en particular la de Vignola. No lejos del pueblo, se puede visitar la iglesia rural de San Pancracio, un santuario construido en el siglo XVIII en medio de un bosque. El 5 de agosto, con motivo de las fiestas del santo y del salchichón, en el centro del pueblo se ofrece queso y vino a los visitantes.

# ISOLA ROSSA

Isola Rossa forma parte del municipio de Trinità d'Agultu, a 25 km de Castelsardo y a 45 de Santa Teresa di Gallura. Esta ciudad costera, masificada en verano,

está rodeada de bloques de pórfido rojo, lo que le ha valido el nombre de «isla roja». Desde el puerto, puede darse un baño en una de las dos playas que la bordean, o quedarse contemplando el agua azul que baña las rocas rojas.

### ■ SPIAGGE DI ISOLA ROSSA ⭐⭐

Las playas y pequeñas calas que se intercalan entre los promontorios de pórfido rojo de Isola Rossa merecen una visita. Las playas más conocidas de la Costa Paradiso son Cala li Cossi y Cala Tinnari. Esta última está dominada por el monte Tinnari.

# TRINITÀ D'AGULTU

A 365 m de altitud, Trinità d'Agultu es el municipio al que pertenece la localidad costera de Isola Rossa. Es un auténtico pueblo antiguo de Cerdeña, donde se disfruta paseando y admirando las vistas al mar desde sus pequeñas plazas.

# VIDDALBA

Este pueblo, a pocos kilómetros de Valledoria, cuenta con un museo arqueológico y la iglesia de San Giovanni Battista, del siglo XI, restaurada en 1929.

### ■ MUSEO ARQUEOLÓGICO ⭐⭐

Via Giovanni Maria Angioy, 5
☎ +39 327 3834 604
www.mav-viddalba.it
Este museo alberga los restos de la necrópolis púnica y romana de San Leonardo, descubierta en la zona, así como objetos prehistóricos. Las ochenta estelas líticas de la necrópolis datan de finales del siglo I a. C., tienen forma rectangular o trapezoidal, están decoradas con hojas de palmera y llevan inscripciones grabadas en la piedra.

# COSTA PARADISO

PARCO NAZIONALE
DELL'ARCIPELAGO
DI LA MADDALENA

Isola
Maddalena

La Maddalena

Palau

SS-125

Arzachena

SS-133

SS-133 bis

Santa Teresa
di Gallura

Aglientu

Luogosanto

Sant'Antonio
di Gallura

Calangianus

Luras

Tempio
Pausania

Aggius

Bortigiadas

Trinità d'Agultu
e vignola

Badesi

Viddalba

Isola Rossa

Santa Maria
Coghinas

Valledoria

Sedini

Perfugas

Laerru

Erula

Martis

Chiaramonti

Castelsardo

Tergu

Nulvi

Osilo

Sorso

Sennori

Li Punti

SS-131

Porto Torres

PARCO NAZIONALE
DELL'ASINARA

Stintino

Olbia

SS-125

Loiri Porto
San Paolo

Padru

SS-199

E-840

Telti

Monti

SS-597

Berchidda

E-840

Capo del
Coghinas

Estación marítima

0          10 km

# NOROESTE

La provincia de Sácer (Sassari) ocupa el noroeste de la isla. Está formada por diferentes regiones históricas: el Sassarese, la región de la segunda ciudad de Cerdeña; Anglona, región de Castelsardo; la Nurra, región de Alguer; y el Logudoro, una extensa región rural muy bien conservada. En esta región se hallan muchos de los lugares emblemáticos de la isla, como Castelsardo, Alguer y Sácer, todas ellas con un patrimonio muy interesante. El interior de la provincia es una de las principales regiones vitivinícolas de Cerdeña y concentra el mayor número de iglesias románicas del país.

Culturalmente, la región es particularmente interesante, ya que aquí se encuentra el corazón del arte románico sardo, de marcada influencia catalana en Alguer (donde aún se habla un dialecto catalán) y joyas de la arquitectura sarda, como los cascos antiguos de Alguer y Castelsardo.

Finalmente, la costa alrededor del Capo del Falcone, en Stintino, y Capo Caccia, cerca de Alguer, es simplemente espectacular, con sus promontorios rocosos y sus magníficas playas. La isla de Asinara es un pequeño paraíso salvaje y marítimo.

## ANGLONA

Enclavada entre las regiones de Gallura y el territorio sasarés, la histórica región de Anglona, bordeada por el golfo de Asinara, cuenta con un litoral que alterna bonitas calas y acantilados rocosos. Castelsardo es la capital de esta zona, con un interior está salpicado de iglesias románicas, y un pintoresco casco antiguo que bien merece una visita.

### VALLEDORIA

El pueblo de Valledoria, a pocos kilómetros de Castelsardo, es conocido por sus playas, sus campings y por la larga playa que llega hasta Isola Rossa.

### CASTELSARDO

Al atardecer, las vistas de esta ciudad medieval, encaramada sobre un promontorio rocoso a cien metros sobre el mar, son sorprendentes. La ciudad, situada entre el cielo y el mar, vive de su tradicional industria de cestería y de sus atractivos turísticos. En verano, multitudes de turistas invaden la antigua ciudad fortificada. Castelsardo evoca la ciudad de Peñíscola, tanto por su forma, como por su situación en un promontorio rocoso a orillas del mar.

### ■ CATTEDRALE DI SANT'ANTONIO ABATE
Via Manganella

La catedral se divisa desde lejos, gracias a su soberbio campanario de estilo aragonés rematado por una cúpula de mayólica. Goza de una ubicación excepcional, frente a las olas azules del mar. De aspecto austero y con sus muros fortificados, se empezó a construir en 1597.

■ **CENTRO HISTÓRICO**

Con sus empinadas y estrechas calles que descienden desde el Castello hasta la catedral, y sus irresistibles vistas al mar y al campo, el casco antiguo de Castelsardo es un lugar con gran encanto. Numerosos edificios renacentistas y barrocos se suceden a cada paso, por lo que se recomienda pasear con calma, levantando la vista de vez en cuando. A pesar del éxito turístico de Castelsardo, el ambiente sigue siendo auténtico.

■ **CHIESA SANTA MARIA DELLE GRAZIE**

Via Regina Margherita, 2626

La iglesia medieval de Santa Maria delle Grazie es particularmente singular: sin fachada, su entrada está extrañamente situada en el lado derecho del edificio. Bajo el castillo, la iglesia cuenta con un crucifijo del siglo XIV conocido como el *Cristo negro,* uno de los más antiguos que se conservan en la isla. Desde el siglo XVII, alberga la Cofradía del Oratorio de la Santa Cruz y es el escenario de una de las más bellas liturgias de la Semana Santa.

■ **MUSEO DELL'INTRECCIO MEDITERRANEO**

Via Marconi
A la entrada de la ciudadela.
℡ +39 079 601 4769
www.mimcastelsardo.it

La visita al Museo de la Cestería se combina con la del castillo. Lo primero que hay que hacer es acceder a la terraza de las murallas, que ofrece una vista increíble de todo el casco antiguo, el mar y ambos lados de la costa. La fortaleza de Castelsardo data del siglo XII. Dos siglos más tarde, Leonor de Arborea (nació hacia 1340 en Molins de Rei), casada con un caballero Doria, residió aquí durante algunos años.

En la actualidad, el castillo alberga un museo dedicado al oficio artesanal que ha sustentado Castelsardo durante siglos: la cestería. En él se exponen objetos de artesanía local y mediterránea hechos con fibras vegetales trenzadas.

■ **ROCCIA DELL'ELEFANTE**

Strada Statale 134, km 19,300
En dirección a Sedini.

*El pueblo de Sácer, donde creció Paolo Fresu.*

A pocos kilómetros de Castelsardo, se alza una roca monumental con forma de elefante. En la base de esta roca de traquita se excavaron cavidades que se supone que se utilizaron como tumbas hace 2000 o 3000 años. En algunos de estos nichos, se pueden ver cuernos de toro tallados en la piedra como homenaje al dios toro venerado en aquella época.

## TERGU

Tergu está a diez kilómetros de Castelsardo. Allí se encuentra la iglesia de Nostra Signora di Tergu, una obra maestra del románico (siglos XIII-XIV) de influencia pisana. La iglesia está construida con traquita rosa y piedra caliza blanca. Su planta es especialmente original, con una sola nave y sin crucero, y su campanario rectangular la destaca aún más.

## PERFUGAS

Este pueblo, en el que los primeros vestigios de presencia humana se remontan al Paleolítico, se halla en el corazón de una región en la que abundan los vestigios arqueológicos. Por desgracia, los numerosos nuragas y las iglesias son a veces difíciles de encontrar o de alcanzar en coche. A las afueras del pueblo se alza la iglesia de Santa Maria degli Angeli. Más adelante, se puede ver el nuraga de San Giorgio, magistral ejemplo de la arquitectura nurágica.

## SEDINI

El bonito pueblo de Sedini se encuentra en la carretera de Perfugas a Castelsardo. Aquí se puede visitar una hermosa necrópolis de la época prenurágica (3500-2700 a. C.), conocida como domus de janas. Hay muchas iglesias en sus alrededores. Entre ellas destacan el monasterio de San Nicolás de Silari, del siglo XII, y la iglesia de la Madonna del Rosario, del siglo XVII, típica de su época.

# SÁCER Y ALREDEDORES

El territorio sasarés sobresale por su cultura, pero también por una gastronomía destinada a los estómagos más resistentes (caracoles, callos, tripas de ternera, filetes de caballo...). Es uno de los terruños más antiguos de Cerdeña, y donde se producen algunos de los mejores vinos del país. Cerca de Sácer se pueden ver magníficas iglesias románicas que son el orgullo del turismo sardo. La segunda ciudad de Cerdeña, Sácer, tiene pocos atractivos turísticos, pero su casco antiguo, de calles estrechas y un tanto destartaladas, recuerdan al sur de Italia y no carecen de encanto.

En cuanto a la costa, alberga uno de los mayores puertos industriales de la isla, Porto Torres, donde atracan numerosos ferries procedentes de distintos puertos del sur de Europa —entre los que se encuentra Barcelona—, y para los visitantes, el soberbio Capo del Falcone, con la pequeña localidad de Stintino, así como la isla salvaje de Asinara.

# SÁCER

Sácer, la capital de la provincia, es la segunda ciudad más grande de Cerdeña. Cuenta con un rico patrimonio cultural. Su pequeño casco histórico alberga un laberinto de callejuelas que unen museos, iglesias y plazas. Como centro universitario, la ciudad moderna acoge a un gran número de estudiantes. El casco antiguo de Sácer es una maravilla. Le aconsejamos que se tome su tiempo para descubrirlo y perderse en él.

■ **CATTEDRALE DI SAN NICOLA**
Piazza del Duomo
✆ +39 079 232 574
Es la catedral de Sácer, dedicada a San Nicolás y construida durante el siglo XIII. Es el templo más grande de Cerdeña. Ha sufrido muchas modificaciones y mezclas de estilos. El hermoso pórtico de piedra caliza blanca del siglo XVII está profusamente decorado en estilo barroco español. Este contrasta con las líneas mucho más sencillas del interior, del siglo XVI. De mayo a septiembre, se puede ver el tesoro de la catedral, que se expone en el museo diocesano, cuya entrada es de pago.

■ **CORSO VITTORIO EMANUELE**
Es la arteria principal del casco antiguo. Este animado bulevar está flanqueado por suntuosos palacios aragoneses del siglo XVI, como la Casa Guarino o la Casa Farris.

■ **FONTANA DI ROSELLO**
Corso Trinità
✆ +39 079 200 8072
Al principio de Viale Umberto, una escalera de piedra, el Col di Lana,

conduce a la asombrosa fuente del Rosello. Este monumento renacentista se ha convertido en el símbolo de la ciudad. Antaño lugar de encuentro de los notables de Sácer, esta fuente sigue siendo muy importante para sus habitantes. Data del siglo XVI, fue destruida y reconstruida, y posteriormente dañada durante las revueltas de 1795. Simboliza el paso del tiempo, con sus doce bocas de león que hacen referencia a los meses del calendario y sus cuatro estatuas que representan las cuatro estaciones.

■ **MUSEO NAZIONALE G. A. SANNA**
Via Roma, 64
✆ +39 079 272 203
www.museosannasassari.it
Las diferentes salas muestran las huellas de las civilizaciones que se sucedieron en Cerdeña. En él se exponen vasijas y cerámicas que se van refinando a lo largo de los siglos. La pieza central del museo es la magnífica colección de estatuillas de bronce del periodo nurágico, junto con la colección etnográfica, la más antigua de la isla. El museo se ha ido ampliando con donaciones de otros coleccionistas.

■ **MUSEO STORICO DELLA BRIGATA SASSARI**
Piazza Castello, 9
www.assonazbrigatasassari.it
Situado en la planta baja del cuartel de La Marmora, este museo recuerda las hazañas de esta legendaria brigada que se distinguió en los combates de la Primera Guerra Mundial. Uniformes, documentos y fotografías dan testimonio del heroísmo de estos soldados en sus diversas batallas. De particular interés es la reconstrucción de una trinchera excavada por esta brigada durante sus operaciones.

*Paseo por Sácer.*

VISITA

### ■ NECROPOLI DI MONTALE ⭐⭐
Vía Medaglie d'Oro. Località Li Punti
✆ +39 079 200 8072
Esta necrópolis, a 4 km del centro de Sácer, es uno de los yacimientos prenurrágicos más importantes de la región de Sácer. Descubierto por casualidad en 1982, el complejo arquitectónico se remonta a la cultura Ozieri (alrededor del 3300 a. C.). La necrópolis consta de seis domus de janas de tipo hipogeo excavadas en un afloramiento rocoso.

# PORTO TORRES

Puerta de entrada a Cerdeña cuando se llega en ferry desde España o Italia, Porto Torres no es desde luego la parte más bonita de Cerdeña. Los puertos industriales y las refinerías han invadido el litoral y desnaturalizado en gran medida el centro histórico de la ciudad.

### ■ ANTIQUARIUM TURRITANO ⭐⭐
Via Ponte Romano, 92
✆ +39 079 514 433
www.archeossnu.beniculturali.it

El museo arqueológico se encuentra en el Palazzo del Re Barbaro, un edificio de dos plantas situado en el interior del yacimiento arqueológico. Alberga las colecciones de objetos y artefactos desenterrados durante las excavaciones. En la sala inferior, se muestran colecciones de lámparas de aceite, jarrones y anclas que recuerdan el pasado comercial de la ciudad. En la sala superior, se exponen maquetas que reconstruyen la estructura de las termas junto con mosaicos provenientes de las propias termas.

### ■ BASILICA DI SAN GAVINO ⭐⭐
Piazza Martiri Turritani
✆ +39 348 899 6823
Edificada alrededor del año 1100, representa uno de los restos románicos más bellos e importantes de la isla. Fue erigida por arquitectos de Pisa en el emplazamiento de una antigua basílica paleocristiana en la que fueron enterrados tres mártires. La basílica también cuenta con una lápida bizantina y sarcófagos romanos de los siglos III y IV. Destaca la planta original de este templo sin transepto.

© LAURENT PIERSON

*Antiguo puerto de Stintino.*

■ **PARCO ARCHEOLOGICO DI TURRIS LIBISONIS** ★★

Antiquarium Turritano
Via Ponte Romano
✆ +39 079 514 433
www.ibiscoop.com

En este yacimiento se hallan las ruinas del palacio del rey bárbaro, gobernador de Cerdeña en el siglo IV. Alrededor de las ruinas se extienden los vestigios de la ciudad romana de Turris Libisonis (hacia el año 46). Las termas, relativamente bien conservadas, albergan mosaicos que datan del siglo II. En el extremo del parque se localizan los restos de las *tabernae* (pequeñas tiendas) que bordeaban la vía romana. A pocos metros de las termas, el puente romano con sus siete arcos y sus 140 metros de longitud.

■ **SPIAGGIA DI PLATAMONA** ★★

A 5 km al este de Porto Torres, es una de las playas más populares de la región. Su arena blanca y sus aguas transparentes y protegidas la convierten en una playa ideal para familias, pero también para pescadores y ornitólogos aficionados, que pueden observar diversas especies de aves en torno a las lagunas situadas justo detrás de la playa. Los restaurantes, campings y hoteles que han surgido a su alrededor también atraen a un gran número de visitantes, convirtiéndola en una de las principales playas para los habitantes de Sácer y alrededores.

## STINTINO

Hasta no hace mucho, Stintino, a unos veinte kilómetros de Porto Torres, era un tranquilo pueblo de pescadores, hasta que su situación privilegiada y sus espléndidas playas acabaron por atraer a los turistas. Y con ellos surgieron los complejos turísticos. Desde entonces, la población de Stintino (poco más de 1000 habitantes) se multiplica por veinte en verano. Hay que decir que este magnífico lugar bien merece una visita.

## LA PELOSA

A unos kilómetros al norte de la ciudad, en dirección a Capo di Falcone. Una de las playas más bonitas de Cerdeña, de arena fina y aguas de color turquesa. Al final de la playa, la torre aragonesa de La Pelosa (del siglo VII), que delimita la playa y le da nombre, es de una belleza excepcional. En el horizonte, la isla del Asinara emerge de las aguas de color azul cobalto, como las de las Maldivas y, un poco más lejos, se divisa la isla de Piana.

## ASINARA

Un antiguo centro penitenciario convertido en parque nacional en 1997, tras más de un siglo de aislamiento. Sus habitantes más famosos son los burros albinos de ojos azul claro, que dan nombre a la isla. En una superficie de 52 km², la flora y la fauna se han conservado tan bien que el lugar se ha ganado una protección especial. Los romanos la llamaban *Herculis insula*, o isla de Hércules. En la Edad Media, cuando se estableció aquí un convento de monjes camaldulenses y más tarde una fortaleza, era conocida como Azenara o Sinuria. A partir del siglo XVII, Asinara estuvo habitada por agricultores,

pastores y pescadores, como parecen atestiguar los restos desenterrados en este lugar. La penitenciaría, construida aquí en 1885, sigue existiendo, aunque hoy en día, sus muros grises albergan un centro de información sobre la protección del medio ambiente.

### ■ SPIAGGIA DI CALA SABINA
Cala Sabina

Al norte de la isla y de Cala d'Oliva, esta pequeña cala bien protegida del viento y de las corrientes está rodeada de arena blanca. Junto con Cala Sant'Andrea y Cala d'Arena, esta playa es una verdadera joya.

## ARGENTIERA

Desde la antigüedad, esta ciudad ha vivido de su riqueza minera, sobre todo de la plata, que le dio nombre. Hoy en día, aunque la actividad minera cesó en 1963, este centro minero del siglo XIX sigue prosperando gracias al turismo. Los edificios de la mina son uno de los mejores testimonios del pasado industrial de la isla. La playa local es muy bonita y hay uno o dos buenos restaurantes en la bajada al mar. La bahía de Porto Palmas, al norte de Argentiera, es aún más bonita.

VISITA

# ■ ALGUER Y ALREDEDORES ■

La región de Alguer es única porque, más que cualquier otra en Cerdeña, ha conservado una marcada influencia catalana. El dialecto local es, de hecho, una variante del catalán y no del sardo. Fruto de la colonización catalana, que duró del siglo XIV al XVIII, esta impronta cultural es palpable en los nombres bilingües de las calles, las tradiciones

culinarias y los apellidos de los lugareños, muchos de ellos descendientes de colonos catalanes. La costa que rodea Alguer es magnífica y alcanza su punto culminante en el Capo Caccia. La propia Alguer, que ha conservado muy bien su casco antiguo, es una ciudad próspera y muy turística. Es quizá la única localidad de Cerdeña que se podría calificar como *museificada* y que se dedica casi por completo al turismo patrimonial. Aunque ha perdido gran parte de su autenticidad, sigue siendo un clásico turístico de Cerdeña, con sus monumentos históricos, sus murallas y su paseo marítimo, que ofrece una vista espectacular de la Rada de Alghero. En cuanto al interior, montañoso, salvaje y poco poblado, ofrece hermosos paisajes a quienes recorren sus estrechas carreteras.

# ALGUER

La ciudad de Alguer, también conocida como la «pupila de Aragón», es uno de los destinos favoritos de los turistas españoles, que encuentran en ella muchos rasgos urbanísticos y arquitectónicos comunes a las ciudades medievales que formaron parte de la Corona de Aragón. No en vano, la ciudad estuvo bajo la Corona de Aragón desde 1354 hasta 1707 y bajo el Reino de España hasta 1720. No puede dejar de pasear por las callejuelas empedradas del casco antiguo.

### ■ CATTEDRALE DI SANTA MARIA
Piazza Duomo
℃ +39 079 973 3041
Construida durante un largo periodo de tiempo, la catedral aún conserva las huellas de sus múltiples influencias. El campanario y los ábsides son de estilo gótico-catalán. La cúpula octogonal y los pilares con columnas dóricas proceden del Renacimiento. El mausoleo es de inspiración neoclásica. Aunque la ciudad fue elegida sede episcopal ya en 1503, la construcción de la catedral no comenzó hasta 1567. Las obras se prolongaron y no fue consagrada hasta 1730.

### ■ CHIESA DELLA MISERICORDIA
Via Misericordia
Esta pequeña iglesia de fachada algo austera fue construida en 1662. El campanario, con su cúpula de azulejos, es de estilo colonial español. En el interior, un precioso Cristo de madera del siglo XVI se alza junto a varias pinturas de la escuela flamenca.

### ■ CHIESA DI SAN FRANCESCO
Via Carlo Alberto
Esta iglesia es uno de los mejores ejemplos de la arquitectura gótica catalana. Muestra la armoniosa mezcla de diferentes formas arquitectónicas a través de los tiempos. Al estilo gótico pertenecen el presbiterio, con su bóveda estrellada, el gran rosetón del frontón y el cuerpo superior, del siglo XVI. El claustro románico, realizado en piedra arenisca, consta de veintidós columnas que descansan sobre bases poliédricas. En verano, se celebran en él los conciertos del Festival Internacional de Música de Alguer.

### ■ CHIESA DI SAN MICHELE
Via Carlo Alberto
Construida en 1364, esta iglesia es uno de los mejores ejemplos de arquitectura barroca de Cerdeña. Su cúpula, recubierta de azulejos multicolores, simboliza la ciudad en sí misma. San Miguel, patrón de Alguer, aparece representado en la iglesia, venciendo a Satanás, en varias ocasiones. Aparece en uno de los cuadros, y en dos estatuas expuestas en la capilla y en el Museo Diocesano. La iglesia sirvió como catedral hasta que se completó Santa María. Fue profundamente remodelada en el siglo XVII.

### ■ GROTTA DI NEREO
Este *spot* de buceo situado en Capo Caccia, a diez minutos en barco de La

Madonnina, ofrece una experiencia espectacular, aunque algo difícil. La gruta de Nereo, con dos entradas, permite cuatro recorridos diferentes, todos ellos fascinantes. Los más bonitos son los Archi (arcos) di Nereo y la Camera Grande, a 36 metros de profundidad.

### ■ MUSEO DEL CORALLO
Via XX Settembre, 8
✆ +39 079 413 4690
Ubicado en la bonita villa Liberty, este museo cuenta la historia del precioso organismo vivo que es el coral, o *Corallium rubrum*, cuya pesca ha sido una especialidad de Alguer durante siglos. Un viaje por el ecosistema marino que también advierte del preocupante declive del coral rojo en el Mediterráneo. Hoy en día, los pescadores de arrecifes de coral tienen que sumergirse a más de cien metros de profundidad para encontrar alguno.

### ■ NECROPOLI DI ANGHELU RUJU ⭐
En la carretera de Porto Torres
A 11 km de Alguer.
✆ +39 329 438 5947www.necropo-lianghelururu.it
Descubierto por casualidad en 1903, este yacimiento alberga el mayor cementerio prehistórico de Cerdeña. Son 38 cuevas funerarias artificiales (domus de janas) y una fosa excavada en un afloramiento de roca arenisca blanda. Las tumbas de la necrópolis datan de la cultura Ozieri (3300-2900 a. C.). Todas son pluricelulares y en el interior de algunas se pueden ver cabezas de toro talladas en las paredes y símbolos enigmáticos.

### ■ PALAZZI DI ALGHERO ⭐⭐
El centro histórico de Alguer está lleno de antiguos palacios. Muchos de ellos reflejan la influencia catalana. Entre ellos, el Palazzo d'Albis, construido en la

Piazza Civica en el siglo XVI, es un notable vestigio de la arquitectura aragonesa de la época. Carlos V se alojó aquí en 1541. Posteriormente, el palacio pasó a ser propiedad de la familia d'Albis y residencia del gobernador de la ciudad. El palacio Machin, construido a principios del siglo XVII, posee un magnífico portal renacentista y ventanas de estilo gótico-catalán.

### ■ SPIAGGIA LA SPERANZA (POGLINA)
Villanova Monteleone
En la carretera panorámica Alguer-Bosa
A 8 km de Alguer.
Los habitantes de Alguer llaman a esta playa la *spiaggia della Speranza* («la playa de la esperanza»), por la pequeña iglesia construida por los marineros en sus alturas. Pero su verdadero nombre es Poglina. Es un lugar que no hay que perderse, en la hermosa carretera panorámica Alguer-Bosa. La playa está formada por arena gruesa mezclada con guijarros. Pero a su alrededor, el litoral rocoso y escarpado y los fondos marinos llenos de peces hacen de ella una escala inolvidable

### ■ SPIAGGE DI ALGHERO ⭐⭐
Alguer cuenta también con una inmensa playa, la del Lido, que se extiende a lo largo de tres kilómetros al norte del puerto deportivo. Está rodeada por innumerables hoteles y está siempre abarrotada. Si dispone de coche, siga la carretera hacia el norte durante unos diez kilómetros. Durante el trayecto se encadenan varias calas encantadoras y pequeñas playas, como Bombarde y Lazzaretto. La playa de Porto Ferro, más salvaje, es un buen lugar para practicar

# REGIÓN DE ALGUER

© CAMILLE RENEVOT

*La bonita cala de Le Bombarde, cerca de Fertilia.*

surf. En cuanto a la playa de Mugoni, es una de las preferidas de las familias por su bahía, que la convierte en una zona de baño protegida para los niños.

### ■ TORRES Y BASTIONES ⭐⭐
Fueron construidas por la familia Doria en el siglo XII y luego fortificadas por los aragoneses. El casco antiguo de Alguer estaba rodeado por una gruesa muralla defensiva con torres de vigilancia. Aunque reformadas, todavía se puede pasear por estas murallas, especialmente al atardecer. Las fortificaciones están jalonadas por varias torres: la torre de La Maddalena, la torre octogonal de San Giacomo, construida en el siglo XV, la torre del Esperó Reial, del siglo XVI, de más de veinticinco metros de altura, y la torre del Portal, del siglo XIV.

## PORTO CONTE
Porto Conte es una de las bahías más bonitas de Cerdeña y un puerto natural ideal. Los romanos lo llamaban Portus Nympharum y los libros de historia la describen como el mayor fondeadero natural del Mediterráneo. Hoy, como ayer, esta bahía sigue siendo muy frecuentada. Está repleta de antiguas torres españolas y modernos hoteles y casas de veraneo. El paisaje es aún más pintoresco en el lado occidental de la bahía, dominado por el monte Timidone (361 metros). Desde aquí se puede ver hasta el Capo Caccia.

## FERTILIA
Fertilia, a diferencia de Porto Conte, es el típico pueblo gris e industrial construido en la época de Mussolini. Este pequeño pueblo, situado al norte de Alguer, fue uno de los puntos a partir del cual se llevó a cabo el desmonte de la región de Nurra, y también un interesante ejemplo de arquitectura racionalista. Los acantilados y las playas en las bahías de Fertila, como Le Bombarde y Lazzaretto, son admirables.

# LOGUDORO

Es la zona más fértil de la isla, motivo por el cual ha estado habitada desde la prehistoria. Todavía hoy se pueden encontrar restos de estas primeras civilizaciones. La presencia de iglesias rurales construidas durante este periodo constituyen un patrimonio único en la isla. Sin embargo, en la década de 1950, la pérdida de competitividad de la producción local de cereales obligó a emigrar a miles de logudorenses. Logudoro es la región de Cerdeña con el declive demográfico más acusado de los últimos sesenta años.

## OZIERI ⭐

Ozieri, la capital de Logudoro, vive de la agricultura y la ganadería. Esta región cuenta con un excepcional patrimonio arqueológico, hasta el punto de que la ciudad ha dado nombre a uno de los periodos neolíticos: la cultura Ozieri, que va desde el año 3200 al 2800 a. C. Situada a 400 metros de altitud, la localidad domina las extensas llanuras circundantes. Sus calles empinadas y estrechas se recorren mejor a pie para admirar las casas patricias del siglo XIX.

### ■ CATTEDRALE DELL'IMMACOLATA ⭐⭐
Piazza Duomo
Construida en estilo gótico aragonés, esta iglesia del siglo XIV ha sufrido numerosas reformas, la última en el siglo XIX, que le ha dado su carácter neoclásico. La catedral llama la atención por sus frescos y su órgano monumental, pero sobre todo por el cuadro del Maestro de Ozieri, un artista del siglo XVI, el *Polittico della Madonna di Loreto,* una obra maestra del Renacimiento sardo.

### ■ GROTTE DI SAN MICHELE ⭐⭐
Vicolo S. Michele
℡ +39 079 787 638
Los descubrimientos realizados en ella han permitido bautizar la cultura que sucedió a la de Arzachena: la cultura Ozieri. En ella se han encontrado restos humanos, así como cerámicas de gran finura y estatuillas de divinidades. La cultura de Ozieri (3200-2800 a. C.) se distingue por el abandono de los centros urbanos en favor del campo y de un estilo de vida más rústico.

### ■ MUSEO ARCHEOLOGICO ⭐⭐
Piazza Pietro Micca, 3
℡ +39 079 785 1052
www.museo.comune.ozieri.ss.it
Situado en el antiguo convento de las clarisas del siglo XVIII, el museo reúne algunos de los objetos descubiertos en la cueva de San Michele y una importante colección numismática, que incluye monedas de las épocas púnica, romana y medieval encontradas en el convento.

## PATTADA

La ciudad es famosa en toda Italia por sus cuchillos de pastor, que gozan de gran reputación y se siguen fabricando con técnicas tradicionales.

## BERCHIDDA

La principal actividad de la ciudad es la producción del famoso vermentino de Gallura, un vino blanco muy apreciado en Cerdeña, que cuenta con su propio museo. Berchidda también produce un excelente pecorino. A cinco kilómetros al oeste del pueblo se encuentran los restos del castillo de Monteacuto. Este

VISITA

pueblo se ha hecho famoso gracias a Paolo Fresu, músico y compositor de jazz originario de la localidad. En el mes de agosto organiza un festival de jazz que acoge a los mejores músicos internacionales.

# BOSA Y EL INTERIOR

La ciudad de Bosa está admirablemente bien situada en la desembocadura del río Temo, uno de los pocos ríos importantes de la isla. Históricamente, las ciudades se construían en el interior, lejos de la costa infectada de paludismo, y con una configuración que no favorecía el desarrollo urbano. Bosa, alejada unos kilómetros de la costa, gozaba de una situación ideal. La costa montañosa que la rodea es especialmente salvaje y pintoresca. En el interior, los valles están sembrados de viñedos que conducen a las altas mesetas cubiertas de maquis del monte Ferru. Bosa es una de las visitas obligadas de la isla, mientras que el maquis entre Macomer y Santu Lussurgiu es uno de los más bonitos de Cerdeña.

## BOSA

Bosa (8000 habitantes) es una de las joyas de Cerdeña. Esta pequeña ciudad histórica, con un rico patrimonio arquitectónico, tiene un aspecto muy estético, con su castillo encaramado en una colina, su casco antiguo que se extiende a sus pies, y las orillas del río Temo, donde se enfrentan la ciudad histórica en una ribera y las antiguas curtidurías en la otra. La hostilidad del terreno ha impedido la construcción de demasiados edificios modernos en los alrededores de la ciudad, y su ubicación a solo dos kilómetros del mar ha evitado que se convierta en una ciudad costera. Su aislamiento, sumado a las curtidurías, que dejaron un patrimonio arquitectónico

bastante apreciable, ha hecho que la ciudad no haya seguido el camino del desarrollo industrial. En resumen, Bosa conserva una atmósfera auténtica, con callejuelas llenas de encanto y esa calidez típica de los cascos antiguos del sur de Italia. El turismo se integra de manera bastante armoniosa con la vida local. El mar está muy cerca, en Bosa Marina, donde se encuentra una bonita playa y la torre española; los alrededores salvajes y escarpados dan la sensación de que Bosa está un poco sola en el mundo, atrapada en su pequeño valle costero.

### Centro histórico ⭐⭐⭐

El casco antiguo está situado en la orilla derecha del río Temo y está formado por las calles que corren paralelas entre el río y la colina del castillo. Las más cercanas al río son las más animadas. El Corso Vittorio Emanuele II es la principal calle comercial del casco antiguo y, al igual que la Piazza Costituzione, un lugar ideal para pasear. A lo largo de la Via del Carmine, se pueden ver mujeres sentadas frente a sus casas ocupadas en la elaboración de encajes. Más arriba, la Via Ultima Costa es la arteria principal de la parte alta de la ciudad. En la otra orilla del río, la Via San Antonio es la calle principal del pequeño barrio de las curtidurías.

### CASTELLO MALASPINA & CHIESA DE SOS REGNOS ALTOS ⭐⭐

Via del Castello
☎ +39 340 395 5048

© EKATERINA POKROVSKY · SHUTTERSTOCK.COM

VISITA

*Vista de Bosa.*

www.castellodibosa.com
info@castellodibosa.it
Se puede llegar caminando por las estrechas calles del centro histórico o tomando la Iscala 'e sa Rosa, una larga escalera de piedra.

La ciudad de Bosa no sería lo que es sin la sombra protectora de su imponente fortaleza de Malaspina. Situada en la colina de Serravalle, dominando el valle del río Temo, esta fortaleza ha dominado el paisaje durante siglos. El castillo fue erigido en 1112 por Malaspina, un marqués muy celoso que, según se dice, mandó construir un túnel que conectaba el castillo con la catedral para que su bella esposa pudiera asistir a los oficios religiosos sin ser vista.

Aunque las murallas de la fortaleza están en buen estado, lamentablemente queda poco del castillo, salvo sus altos muros, su camino de ronda y sus torres parcialmente en ruinas. Sin embargo, este emblemático edificio de Bosa merece una visita, especialmente por su capilla (*capella palatina*), también conocida como la Chiesa di Nostra Signora de Sos Regnos Altos. Data del siglo XV y alberga hermosos frescos de estilo español.

Nostra Signora de Sos Regnos Altos, situada dentro de la fortaleza de Malaspina, conserva vestigios de su origen románico. De pequeño tamaño, no presenta elementos arquitectónicos destacados. Sin embargo, su interior está decorado con un bello ciclo de frescos del siglo XIV, que celebran las virtudes franciscanas de pobreza, castidad y humildad. Descubiertos en 1973 durante los trabajos de restauración, estos frescos demuestran la importancia que tuvo san Francisco en la región en aquella época.

Nota: La entrada permite visitar el castillo y su capilla, así como la iglesia de San Pedro extramuros, ubicada en la vía de San Pietro.

### ■ CATTEDRALE DELL'IMMACOLATA CONCEZIONE ⭐

Lungo Temo G. Matteotti
Al lado del puente viejo.

La actual catedral fue construida entre 1804 y 1809 sobre las ruinas de una iglesia románica. Mezcla los estilos barroco y neoclásico, tanto en la fachada como en el interior. La amplia nave está flanqueada por cuatro capillas laterales. Destacan los murales al temple que representan el *Paraíso* de Dante y que fueron realizados por el artista parmesano Emilio Scherer. La iglesia se convirtió en catedral en detrimento de la de San Pietro, una iglesia románica situada a pocos kilómetros, en la orilla opuesta.

### ■ CHIESA DELLA BEATA VERGINE DEL CARMINE ⭐
Piazza del Carmine
Esta iglesia fue construida en 1779 sobre la de la Madonna del Soccorso. Los carmelitas la heredaron en 1606 cuando buscaban un nuevo lugar para instalar su convento. Hasta entonces se habían alojado junto a la iglesia de Sant'Antonio Abate, pero su convento se había vuelto insalubre por su proximidad al río. El nuevo convento carmelita se conservó cuando se derribó la iglesia de la Madonna del Soccorso. Está abandonado desde 1810.

### ■ CHIESA DELLA MADONNA DEL ROSARIO ⭐
Corso Vittorio Emanuele
Como suele ocurrir, la iglesia del Rosario se construyó sobre los restos de una iglesia más antigua. Fue remodelada en el siglo XIX para rendir homenaje al culto del rosario, que durante mucho tiempo ha sido objeto de devoción popular en Bosa. La fiesta de la Virgen del Rosario se celebra cada primer domingo de octubre para conmemorar la victoria en la batalla naval de Lepanto en 1571. La iglesia está rodeada por los palacios Delitala y Don Carlo, ambos del siglo XVII.

### ■ CONVENTO DE CAPUCHINOS ⭐
Campo Italia
Cerca de la iglesia Carmine, data de principios del siglo XVII.

### ■ MUSEO CASA DERIU ⭐⭐
Corso Vittorio Emanuele, 59
✆ +39 0785 377 043
tacsvt.it/museo-casa-deriu
tacs.snc@gmail.com
En la calle principal de Bosa, este hermoso edificio, restaurado en 1838,

*Catedral de la Inmaculada Concepción.*

alberga el Museo Cívico Casa Deriu. En la primera planta se alternan las exposiciones temporales, mientras que en la segunda se presenta un típico piso burgués del siglo XVIII. Se pueden ver muebles y objetos de decoración, la mayoría procedentes de Génova, Pisa o Nápoles, ciudades muy de moda en la época. La visita continúa en la tercera planta con una exposición de Melkiorre Melis, natural de la ciudad y uno de los pintores más destacados del periodo fascista.

### ■ MUSEO DELLE CONCE
Via delle Conce, 62
☎ +39 0785 37 62 20
https://tacsvt.it/museo-delle-conce
Inaugurado en 2011, el Museo delle Conce tiene como objetivo relatar la vida y el trabajo de los curtidores en Bosa. Además, es el único museo dedicado a este oficio en Italia.
La curtiduría (*concia*) fue, de hecho, la principal actividad económica de la ciudad desde el siglo XVII. Una colección de fotografías y antiguos utensilios permite comprender mejor las diferentes fases del trabajo con cueros y tejidos. La gran sala con suelo de vidrio, ubicada en el primer piso, ofrece una vista original del sótano de la curtiduría.

### Marina
El acceso de Bosa al mar se halla a dos kilómetros del casco antiguo, en la orilla izquierda del río Temo, después de cruzar el puente. Bosa Marina es una pequeña y agradable localidad costera. Aquí se aloja la mayoría de los turistas durante el verano para disfrutar al máximo de la playa y de la animación de los bares, restaurantes y discotecas.

# TRESNURAGHES Y PORTO ALABE

Porto Alabe es el pequeño puerto del pueblo de Tresnuraghes. La costa alrededor de Porto Alabe es particularmente atractiva. Destino playero bien equipado, cuenta con una amplia playa dorada, rodeada de pequeñas dunas. Continuando hacia el sur por la carretera de la costa, se encuentra la torre de Cala Columbargia y los enormes arrecifes de Corona Niedda. Tresnuraghes, además, ofrece la posibilidad de pasear entre pequeños palacetes del siglo XIX, construidos en la calle principal del pueblo, Via Roma, también llamada S'Istradone, la «gran calle» en dialecto sardo. Aquí puede visitar la pequeña iglesia de San Lorenzo, erigida en el siglo XVII, cuya fachada fue construida con traquita extraída de las minas cercanas al pueblo. Las iglesias de la Santa Croce y San Giorgio, erigidas en el siglo XV, también merecen una visita.

# MACOMER

Construida sobre una meseta de granito (a 563 metros), Macomer es un importante centro comercial e industrial, sobre todo del sector lácteo (destaca la producción local de pecorino). Macomer no tiene ningún atractivo turístico particular, pero puede ser un punto de partida para quienes quieran descubrir el interior de esta parte de Cerdeña, marcada por el monte bajo y rica en paisajes con encanto.

### ■ CHIESA DI SANTA MARIA DI CORTE
Via Patriarcato, 20
Siga la carretera 129 bis en dirección a Bosa.

VISITA

*Complejo arqueológico de Tamuli.*

El edificio, construido en el siglo XII por los cistercienses, se alza dentro de un extenso recinto.

### ■ COMPLESSO ARCHEOLOGICO DI TAMULI ★★

Località Tamuli
✆ +39 347 948 133
En la carretera que va desde Macomer a Santu Lussurgiu.
Tamuli constituye un importante testimonio de la cultura nurágica por sus tres tumbas de gigantes. La primera tumba, bien conservada, mide catorce metros de largo y la mitad de ancho. Está precedida por una exedra, un semicírculo con bancos de piedra. Lamentablemente, las tumbas 2 y 3 están en un estado de conservación muy malo. Un poco más allá, sobre un espolón rocoso, se alza un nuraga. La torre central está protegida por un bastión de dos lóbulos. Más abajo se encuentran los restos de un poblado.

### ■ NECROPOLI DI FILIGOSA ★

Località Santa Barbara
Tome la SS-131. Cerca de Macomer, el nuraga se ve bien a partir del kilómetro 145.
Esta necrópolis, compuesta por cuatro domus de janas (cámaras funerarias), constituye un importante hallazgo arqueológico. Tres de sus tumbas están excavadas en la toba al pie de una colina, mientras que la cuarta se encuentra a un nivel más alto en la roca. Cada tumba cuenta con varias celdas funerarias distribuidas a lo largo de un corredor. Al final de sus once metros, se llega a la primera cámara. En uno de los muros se ha acondicionado un lecho funerario, coronado por dos cuencos hemisféricos, mientras que en el suelo se ha trazado un gran círculo con un cuenco en el centro. Esta cámara conduce a otras seis.
Este cementerio prenurágico presenta grandes similitudes con el de Abealzu, ubicado a sesenta kilómetros de distancia. A partir de estas analogías, los arqueólogos han identificado una cultura conocida como la cultura Abealzu-Filigosa, que se habría desarrollado entre el 2700 y 2400 a. C. En el sitio se descubrió un pozo que contenía numerosas piezas de cerámica romana de las épocas republicana e imperial.
La colina de Filigosa está coronada por los vestigios de un antiguo nuraga, el de Ruggiu. Sin embargo, el más interesante y conocido es el nuraga Santa Bárbara. De acceso algo complicado, es necesario estacionar en el aparcamiento de la carretera SS-131 (justo después de la salida hacia Macomer, en dirección a Sácer) y subir unos seiscientos metros. El nuraga Santa Bárbara es, a pesar de las dificultades, uno de los más fotogra-

fiados debido a su torre central rodeada por un bastión de forma cuadrilobulada. El acceso al patio interior se realiza a través de una entrada situada al sureste.

### ■ NURAGHE E CHIESA DI SANTA SABINA ⭐⭐
Strada Statale, 129. Trasversale Sarda. Desde Macomer, tome la SS-129 en dirección a Silanus.
Construida a principios del siglo XI, la iglesia es más bien baja, con tres ábsides cubiertos por cúpulas de inspiración bizantina. Se trata de un ejemplo único de arquitectura en la isla, ya que el templo presenta una estructura romana, junto a elementos paleocristianos y bizantinos. Junto a la iglesia, hay un nuraga del año 1200 a. C. que contribuye a dar al conjunto un aspecto aún más arcaico. También incluía una aldea y dos domus de janas.

### ■ NURAGHE OROLO ⭐⭐
Bortigali
Tome la carretera SS-131, al norte de Macomer, después gire a la derecha hacia Mulargia. Tras 2 km, gire hacia Bortigali.
Difícil de dar con él, el nuraga se halla al final de una pequeña carretera asfaltada que se pierde en el campo. Restaurado en 1998, está en muy buen estado. Sus bloques de traquita están perfectamente dispuestos para formar una torre central y un bastión bilobulado. Se accede por una puerta situada en el centro del bastión, entre las dos pequeñas torres. La torre central, de catorce metros, tiene dos cámaras en tholos casi intactas. Cabe destacar la escalera empotrada en la mampostería e iluminada por rendijas en la pared, que conduce a la segunda cámara.

© GHERZAK – SHUTTERSTOCK.COM

*Cuglieri.*

# CUGLIERI ⭐⭐
El lugar en el que se ha desarrollado este gran pueblo de montaña (a 479 metros de altitud) ya estaba habitado en el Neolítico. Los romanos fundaron aquí la ciudad de Gurulis Nova. En 1160, Ittocore construyó el castillo de Montiferru, que más tarde pasó a ser propiedad de la familia Malespina, luego el *giudicato* de Arborea, antes de caer bajo el control de la Corona de Aragón. En la actualidad, el pueblo cuenta con unos 3600 habitantes y goza de una posición privilegiada en el corazón de la sierra del monte Ferru.

### ■ ANTICA CITTÀ DI CORNUS ⭐⭐
Contrada Lenaghe
Santa Caterina di Pittinuri
Hay que pasear por esta antigua ciudad púnica al atardecer, cuando la excepcional panorámica del macizo de Montiferru y los acantilados de Pittinuri es aún más bonita. Los cartagineses cons-

truyeron esta ciudad en el siglo VI a. C. sobre las ruinas de un complejo nurágico. Las tierras fértiles y ricas en recursos naturales, la proximidad de la costa y las rutas comerciales la convirtieron en un lugar privilegiado. Los romanos, durante su conquista de Cerdeña, encontraron una fuerte resistencia en Cornus. Los sardos y los cartagineses se aliaron para repeler al enemigo, pero finalmente se rindieron en el año 215 a. C. Cuando los romanos autorizaron la libertad de culto en la isla en el siglo IV, Cornus se convirtió en un importante centro episcopal. Se erigieron dos basílicas, y la antigua ciudad se transformó en una necrópolis. Frente a una de las iglesias, en un lateral se descubrió un baptisterio y tumbas *alla cappuccina*. También se desenterraron cantinas donde se practicaba el rito del *refrigerium*. Este consistía en celebrar un banquete sobre la tumba o junto a ella para honrar al difunto. Esta tradición, originalmente pagana, aún perdura en algunas regiones de Cerdeña, donde es costumbre compartir café, galletas y pan en memoria de los fallecidos. En la segunda basílica, los miembros más destacados de la comunidad eran enterrados en sarcófagos de piedra situados en el ábside.

### ■ BASILICA DI SANTA MARIA DELLA NEVE

Via Basilica, 52
En la cima de la colina Bardosu. Siga las señales en el pueblo.
Los orígenes de esta basílica están rodeados de misterio. La leyenda cuenta que se construyó en el siglo XIII para albergar una imagen de la Virgen con el Niño que había aparecido en una playa cercana. Sin embargo, la estructura actual data del siglo XVI y no existe rastro de ninguna construcción anterior. Una última remodelación en el siglo XVIII le dio el carácter barroco actual. Ofrece una maravillosa vista del mar.

### ■ CASTELLO DEL MONTIFERRU

SP-19
Los restos de este castillo del siglo XII se alzan sobre una colina de basalto a las afueras del pueblo de Cugleri. Su posición defensiva no impidió que cayera en manos del juez de Arborea, y después en las de la corona aragonesa. Una vez pacificada la isla, el castillo dejó de tener utilidad militar y pasó a ser propiedad privada. Las ruinas de la fortaleza ofrecen una magnífica vista de las montañas y de la ciudad de Cuglieri. El paisaje circundante está cubierto de matorrales y bosques de castaños.

## SANTU LUSSURGIU

La carretera entre Cuglieri y Santu Lussurgiu es bastante pintoresca y atraviesa un accidentado macizo montañoso cubierto de maquia. En el camino, se pueden observar los restos del castillo de Montiferru.
El pueblo de Santu Lussurgiu, aferrado a la ladera del Montiferru, es una de las joyas del urbanismo sardo. Es fácil perderse en sus pequeñas y estrechas callejuelas, pero es una delicia pasear por él. En la Piazza Meloni, se puede visitar la iglesia renacentista de Santa Maria degli Angeli, construida en el barrio más antiguo, cuyos edificios datan del siglo XVIII. También merece la pena detenerse un momento para admirar la iglesia rosada de San Pietro di Santu Lussurgiu, situada en la plaza de San Pedro. El pueblo es famoso por su producción artesanal de cuchillos sardos y por la

pasión de sus habitantes por la equitación.

### ■ MONTIFERRU

Este macizo volcánico de mil metros de altura, formado por traquita y basalto, está completamente cubierto por árboles. Desde sus cumbres, se puede disfrutar de las vistas de picos volcánicos y bosques.

### ■ MUSEO DE TECNOLOGÍA CONTEMPORÁNEA

Via Deodato Meloni, 1
✆ +39 0783 550 617
www.museotecnologiacontadina.com
Ubicado en una granja del siglo XVIII, este museo de tecnología rural reúne una colección de dos mil objetos utilizados por los pastores y los campesinos. Algunas de ellos se utilizaron hasta la década de 1960. Hay carros, alambiques para la producción de aguardiente tradicional, arados y los famosos cuchillos plegables por los que son famosos los artesanos de Santu Lussurgiu.

Nuraghe Losa.

VISITA

## SAN LEONARDO DI SIETE FUENTES

A San Leonardo, donde vivió Montaigne, se llega desde el monte Ferru. Este pueblo es conocido por sus siete manantiales, de los que toma su nombre. En el corazón del pueblo se alza la encantadora iglesia pisano-románica de San Leonardo, construida hacia 1150.

## GHILARZA

La pequeña ciudad de Ghilarza (4700 habitantes), cerca de Abbasanta, está situada sobre una meseta basáltica. Esta localidad no tiene ningún atractivo especial, aparte de la casa de Antonio Gramsci, que atrae cada año a muchos admiradores del escritor e ideólogo comunista. Se pueden ver nuragas e iglesias en los alrededores.

### ■ NURAGHE LOSA

✆ +39 0785 52 302
www.nuraghelosa.net
A 3 km al sur de Abbasanta, en la SS-131.
Losa es uno de los nuragas mejor conservados de Cerdeña. Consta de un bastión trilobulado de basalto negro rodeado de dos grandes fortificaciones. Su aspecto sigue siendo imponente a pesar del derrumbe de la cima de la torre. Sus muros encierran un área de unos 300 metros de largo y 100-200 de ancho. La torre central data del siglo XI a. C. y las murallas exteriores del siglo VI a. C., del periodo de dominación cartaginesa. También hay restos de poblados de las épocas púnica y romana. Una visita obligada.

# SUROESTE

El suroeste de Cerdeña está compuesto por las provincias de Oristano, Medio Campidano y Carbonia-Iglesias. Desde su costa salvaje alrededor de Bosa hasta las islas de San Pietro y Sant'Antioco, desde sus numerosos nuragas hasta las ciudades mineras de la época fascista, quizás sea aquí donde Cerdeña muestra las facetas más diferentes. La llanura del Campidano constituye la parte más grande del suroeste sardo, pero no es aquí donde se encuentran los paisajes más bonitos de la isla. Sin embargo, la región cuenta con numerosos atractivos turísticos. La región de Oristano es la más rica en nuragas e incluye el parque natural de la Giara, una vasta meseta basáltica donde aún pastan caballos salvajes. La península de Sinis, en la que abundan los estanques y marismas, acoge cada año a cientos de flamencos rosas que disfrutan de esta región húmeda. Las ruinas de la antigua Tharros, cerca de Oristano, son testigo de la antigua actividad comercial de la región. Más al sur, las dunas de Piscinas —un lugar misterioso con enormes y altas montañas de arena— se alzan en medio de la Costa Verde, una costa majestuosa que aquí tiene el aspecto de un árido desierto.

Aún más al sur, la región de Iglesiente ofrece un interés diferente: un entorno extraño y desolado envuelve sus minas abandonadas, que se pueden visitar. Testimonio único de la época fascista...

La región de Sulcis, que se extiende desde Carbonia hasta la isla de Sant'Antioco, está repleta de yacimientos arqueológicos de la época fenicia. Sus islas se han convertido en lugares de vacaciones muy frecuentados por los italianos...

## REGIÓN DE ORISTANO

La provincia de Oristano siempre ha desempeñado un papel político importante debido a su situación geográfica, sus recursos y sus dos principales vías de acceso: la llanura del Campidano y el valle del Tirso. La población nurágica se asentó aquí hace más de tres milenios, encontrando el hábitat ideal, un clima suave, una llanura, estanques, y la explotación de la obsidiana del monte Arci. Importantes restos arqueológicos del siglo II a.C. atestiguan la existencia de esta población nurágica en la región. De hecho, la provincia de Oristano cuenta con el mayor número de nuragas por kilómetro cuadrado.

### ORISTANO

La ciudad de Oristano, fundada en 1070, es pequeña y bonita. Su puerto y la fertilidad de las tierras que la rodean le aportan un cierto bienestar. El casco antiguo presenta un aspecto muy cuidado y en sus calles se respira un acogedor ambiente mediterráneo.

### ■ BASILICA DI SANTA GIUSTA
Via Giovanni XXIII, 228. Santa Giusta
A 3 km al sur de Oristano. En la calle
principal del pueblo.
Esta antigua catedral construida en
traquita es una joya del siglo XII, obra
de maestros pisanos, lombardos, árabes
y locales. Sus naves están sostenidas
por diferentes columnas procedentes de
las antiguas ciudades fenicias, púnicas y
romanas de Neapolis, Tharros y Othoca.
La basílica ha sufrido varias modificaciones a lo largo de los siglos, incluida
la reconstrucción de su campanario
en 1906. La plaza de la catedral es
el mejor lugar para ver la regata de
Is Fassonis, que se celebra el primer
domingo de agosto en el lago situado
frente a la ciudad.

### ■ CATTEDRALE DI SANTA MARIA ASSUNTA
Piazza Duomo
Este edificio de forma octogonal, del
siglo XIII, se construyó con una planta
de tres naves. De su estructura gótica
original solo se conservan la capilla y
la base del campanario. Bajo la cúpula,
se pueden admirar unas máscaras
de traquita que representan figuras
grotescas que evocan el carnaval de
Oristano. La fachada es de principios
del siglo XVIII. La capilla del Rimedio
presenta interesantes escenas esculpidas en mármol.

### ■ CHIESA DI SAN FRANCESCO
Via Sant'Antonio
Esta iglesia neoclásica se construyó
en el emplazamiento de otra iglesia
del siglo XIII, de la que se conserva
parte de la fachada original. Pertenece
al vecino monasterio franciscano. Las
columnas jónicas de la fachada sostienen
un tímpano que recuerda a un templo
griego. En su interior se conserva
una pieza muy valiosa de veneración
popular, un crucifijo policromado llamado
*Crocifisso di Nicodemo,* obra gótica de
un artista catalán anónimo de finales del
siglo XV. Su Cristo de tamaño natural es
de un realismo impresionante.

VISITA

© LAURENT PIERSON

*Catedral de Santa Maria Assunta.*

# CENTRO DE ORISTANO

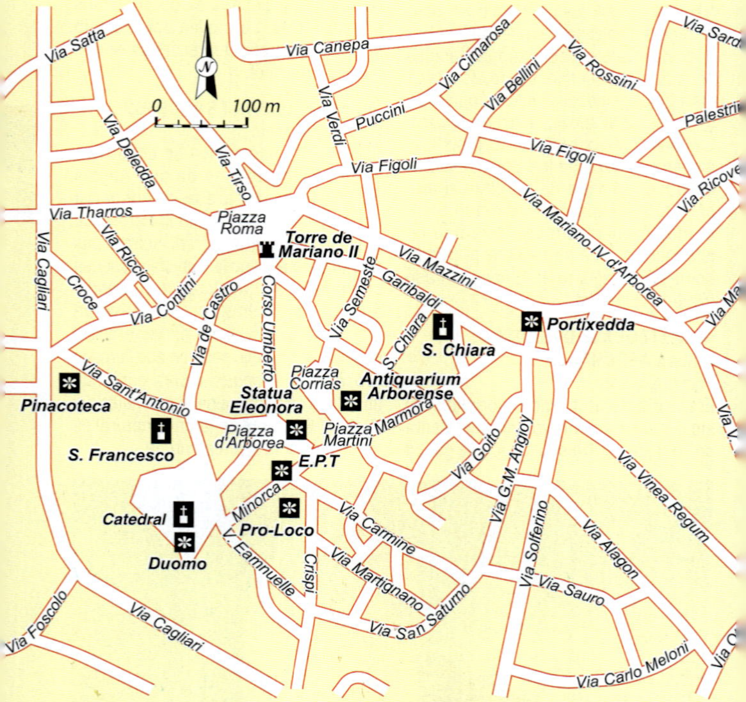

Via Satta

Via Canepa

Via Sard

Via Rossini

Via Bellini

Via Cimarosa

Via Palestri

0    100 m

Via Verdi

Puccini

Via Eigoli

Via Deledda

Via Figoli

Via Ricove

Via Tharros

Piazza Roma

Via Mariano IV. d'Arborea

Via Riccio

Croce

**Torre de Mariano II**

Via Mazzini

Via Cagliari

Via Contini

Corso Umberto

Via de Castro

Via Seneste

Garibaldi

S. Chiara

**S. Chiara**

**☒ Portixedda**

Via Sant'Antonio

**Pinacoteca**

**Statua Eleonora**

Piazza Corrias

**Antiquarium Arborense**

Piazza Martini

Via Marmora

Via Goto

Via G.M. Angioy

Via Vinea Regum

**S. Francesco**

Piazza d'Arborea

Piazza Martini

Via Carmine

Via Solferino

Via Alagon

**Catedral**

**Duomo**

Minorca

**E.P.T**

**Pro-Loco**

V. Eammuelle

Crispi

Via Martignano

Via San Saturno

Via Sauro

Via Foscolo

Via Cagliari

Via Carlo Meloni

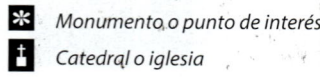

☒  Monumento o punto de interés

✝  Catedral o iglesia

■ **MUSEO ANTIQUARIUM ARBORENSE**

Piazza Corrias; ✆ +39 0783 791 262
www.antiquariumarborense.it
info@antiquariumarborense.it

El Palazzo Parpaglia, de estilo neoclásico, exhibe los tesoros arqueológicos del yacimiento de Tharros y de la península de Sinis. Este museo, el más importante de la ciudad, reúne las colecciones de varios arqueólogos aficionados del siglo XIX.

▶ **Colección Efisio Pischedda.** En 1938, el municipio de Oristano adquirió la colección de este abogado apasionado por la arqueología. Los objetos recuperados en las tumbas de Tharros y en los yacimientos de antiguos nuragas permiten entender la historia de Cerdeña desde el período pre-nurágico hasta los inicios de la Edad Media. Entre las miles de piezas encontradas por Pischedda se incluyen vasos votivos del nuraga de Sianeddu, cerámicas fenicias y etruscas de Santu Marcu, una valiosa vajilla púnica, lámparas de aceite y frascos para ungüentos romanos, así como lámparas de aceite y cerámicas de la época vándala y bizantina. En el mismo piso, ánforas romanas recuperadas de naufragios rodean una maqueta que recrea la ciudad de Tharros.

▶ **Colección Angelo Carta.** Donada por su propietario en 1947, incluye piezas excepcionales como un *guttus* ático con prótomo de león que data del siglo V a. C. También destacan una lámpara de aceite y un cáliz ateniense de la misma época. La colección contiene además una gran variedad de cerámicas y lámparas de aceite del período imperial romano.

▶ **Colección Titino Sanna Delogu.** Esta colección fue donada al Antiquarium en 1966, el mismo año en que fueron robados valiosos bronces y piezas de joyería. Su pieza central es una estatua de arenisca que representa a una diosa madre, perteneciente a la cultura de Ozieri. También destacan dos jarras etruscas y una serie de *kernophoroi,* quemadores de incienso antropomorfos que posiblemente representan a la diosa griega Deméter.

▶ **Colección Pepetto Pau.** Esta colección incluye piezas de cerámica y piedra que datan de la era prenurágica y de la época romana. Entre los objetos destacan un peso de arcilla con forma de frijol, un vaso de la cultura campaniforme, un *askos* completo del siglo VII a. C. y algunos restos muy bonitos de la época fenicia.

▶ **Colección Cominacini-Boy.** Donada en 1994, consta de veinticinco piezas encontradas en la necrópolis romana de San Giovanni di Sinis, entre ellas una urna cineraria fenicia, un hermoso *askos* torneado y vajilla bizantina.

▶ **Colección Vitiello-D'Urso.** Esta donación incluye solo cuatro objetos, pero todos en excelente estado, que cuentan la historia de las primeras manufacturas de cerámica.

■ **PALAZZO DEGLI SCOLOPI**

Piazza Eleonora d'Arborea

El palacio del siglo XVII, hoy ocupado por el ayuntamiento, fue en su día un convento y colegio escolapio. La actual sala de reuniones no es otra que la iglesia de San Vincenzo, que se incorporó al edificio en el momento de su construcción. La escuela ocupaba las salas adyacentes. En el vestíbulo, una placa recuerda que en este lugar se fundó el Partido de Acción Sarda

VISITA

(Psd'a) en 1921. Frente al Ayuntamiento, se ha erigido un monumento en honor de Leonor de Arborea.

### ■ SPIAGGIA DI TORRE GRANDE ⭐

Situada a diez kilómetros de Oristano, se extiende a lo largo de tres kilómetros desde el puerto deportivo hasta la desembocadura del río Tirso. Su arena dorada y sus numerosas instalaciones atraen a turistas y lugareños por igual. Fue equipada en un principio por pescadores y agricultores locales. Se puede explorar a caballo, a pie, en bicicleta, en patines o en monopatín. Animada de día y de noche, la playa es el punto de encuentro preferido de la ciudad. Toma su nombre de la torre española, la mayor de la isla, que fue construida entre 1542 y 1572.

### ■ TORRE DI MARIANO II (SAN CRISTOFORO) ⭐

Piazza Roma

Esta torre medieval que se alza en el centro de Oristano fue construida en 1290 por orden del arborense Mariano II. Esta torre de 29 metros aparece mencionada por primera vez en 1500, y posteriormente, aparece en los archivos municipales con el nombre de torre de San Cristóbal. Se llama así por el retablo español que representa en su interior al santo patrón de los viajeros. Esta puerta formaba parte de la muralla construida bajo el mandato de Mariano II a finales del siglo XIII. Estaba equipada con un puente levadizo y un sistema defensivo.

## BUSACHI

Un pueblo muy antiguo con sus características casas de piedra donde aún se pueden ver mujeres vestidas a la manera tradicional sarda. Merece la pena visitar las iglesias de San Domenico (del siglo XVI), recientemente restaurada, y la de San Bernardino (siglo XVIII).

## LACONI

Laconi es el Stonehenge sardo: en sus alrededores se han descubierto monolitos de traquita tallados de la época prenurágica.

### ■ MUSEO DELLA STATUARIA PREISTORICA ⭐⭐

Palazzo Aymerich
Piazza Marconi, 10
© +39 0782 69 32 38
www.menhirmuseum.it
A 55 km de Oristano.

El museo cuenta con cuarenta ejemplares de menhires, clasificados por tipos: preantropomorfos (los que representan el falo masculino), antropomorfos (con ojos y boca) y menhires-estatua, más ricos en detalles. El personal del museo le indicará cómo llegar al yacimiento de ls Cirquittus, donde podrá ver dólmenes y círculos megalíticos que se utilizaban para calcular la salida y la puesta del sol 2500 años antes de nuestra era.

## PENÍNSULA DE SINIS

La península de Sinis, compuesta principalmente de rocas calcáreas, cierra al norte el golfo de Oristano. En la entrada de la península se extiende un enorme laberinto de estanques y pantanos, llamado Mar'e Pontis, donde se ha desarrollado una fauna característica: los lagos son el hábitat de numerosos flamencos rosados y de un pez conocido por sus huevas, el mújol. Las huevas de mújol reciben el nombre de *bottarga* y desempeñan el papel de *caviar sardo*. Los pescadores de Oristano guardan

Yacimiento arqueológico de Tharros.

VISITA

sus herramientas de pesca en cabañas construidas con plantas lacustres, junto con sus embarcaciones, los *fassonis,* hechas con las mismas plantas.
La costa se extiende desde San Giovanni di Sinis hasta el cabo Mannu. A partir de San Giovanni, se suceden una serie de playas de aguas transparentes y ricas en peces. En cambio, el paisaje del interior es solitario y desértico. La extensa playa de Is Arutas se caracteriza por el color blanco de los pequeños cristales de cuarzo redondeados que la componen. Frente a esta playa, se distingue la isla de Mal di Ventre, con playas de cuarzo blanco: Cala Saline, Cala del Nuraghe, Cala del Pontile y Cala dei Pastori.
Un poco más al norte de la playa de Is Arutas, se encuentra la playa de Is Arenas, con sus dunas reforestadas con pinos y acacias que se extiende a lo largo de seis kilómetros por el territorio de San Vero Milis. Más al norte, la costa se eleva y da paso, en el cabo Mannu, a acantilados de piedra caliza amarillenta. Hacia el interior, grandes

espacios verdes, cubiertos de matorrales de lentisco y romero, dan a la costa un aspecto salvaje y misterioso. Las playas son muy bonitas, pero no se pueden comparar con las de la Costa Verde, un poco más al sur.

### ■ AREA ARCHEOLOGICA DI THARROS ★★
SP-6
℄ +39 0783 370 019
www.tharros.sardegna.it
info@tharros.sardegna.it
Desde Cabras, tome la S-6 y siga las señales de Tarros hasta Capo San Marco.
Ubicadas a orillas del mar, en el extremo de la península de Sinis, las ruinas de Tharros mezclan épocas y culturas. La península estuvo habitada desde la era nurágica antes de convertirse en una ciudad fenicia y luego romana. Lamentablemente, Tharros fue saqueada en el siglo XI y, sobre todo, en el siglo XIX. Testigos de la época, como Honoré de Balzac, mencionan los miles de tesoros

descubiertos y robados por saqueadores de tumbas. Hoy en día, se puede pasear por las antiguas calles romanas y contemplar las ruinas de un templo erigido sobre los cimientos de un lugar de culto cartaginés. Algunos vestigios se encuentran fuera del yacimiento principal, distribuidos de norte a sur, comenzando en el pueblo de San Giovanni di Sinis.

▶ **Necrópolis norte.** Situada al norte del pueblo, detrás de la playa principal. Es pequeña y poco conocida, con tumbas que datan de las eras fenicia y púnica.

▶ **Acueducto-canal.** Se encuentra al final de la playa, frente a los baños públicos. Aún se conserva un tramo visible de este antiguo acueducto romano, que abastecía a la ciudad de Tharros.

▶ **Su Murru Mannu.** En el extremo norte del yacimiento, con restos de todas las épocas antiguas, que se superponen comenzando con un pueblo nurágico. Los cimientos de las casas circulares se ven claramente. Parece que el pueblo fue abandonado antes de la llegada de los fenicios.

▶ **Templo de Deméter.** A medio camino entre Su Murru Mannu y la entrada del yacimiento. Los restos de esta estructura, saqueada y destruida, datan de la época romana, aunque los cimientos son de origen cartaginés.

▶ **Zona residencial.** Los restos de las casas de Tharros son de la era romana, pero su diseño y estilo proceden de la época cartaginesa, con tejados planos elaborados con materiales vegetales como madera, ramas y juncos.

▶ **Castillo de agua.** Al final del *cardo maximus*, es fácil reconocer los restos del castillo de agua. Su estructura cuadrada estaba alimentada por un acueducto.

▶ **Baños romanos.** Tharros tenía tres baños públicos, esenciales para la vida romana. El primero, apenas visible, está a la izquierda desde el castillo de agua hacia el mar. El segundo, en mejor estado, está al final de esta calle. El tercero, situado en el extremo sur del yacimiento, tenía tres niveles y contaba con un vestuario, un *frigidarium* (sala fría), un *tepidarium* (sala tibia) y un *caldarium* (sala caliente).

▶ **Templo de las columnas dóricas.** Este templo era el principal lugar de devoción bajo los cartagineses. Es probable que los romanos destruyeran el templo y levantaran un santuario cuadrado sobre él.

▶ **Templo tetrástilo.** De este templo, construido en el siglo I a. C., quedan solo dos columnas de las cuatro originales.

▶ **Templo K.** Situado al sur del yacimiento, entre la carretera y los baños romanos. Aún se conservan algunos escalones de basalto que conducían a un complejo monumental con un alto pórtico imperial y un pequeño templo de granito, donde se encontraron inscripciones púnicas. No se ha determinado a qué dios o dioses estaba dedicado, por lo que se le conoce como «K».

# CABRAS

Situada en el centro de lagunas y marismas, la pequeña ciudad de Cabras (9000 habitantes) se caracteriza por sus casas pequeñas de una sola planta. Sus marismas y estanques albergan una fauna muy especial (halcones, aguiluchos, garzas, salmonetes, etc.) y forman parte de la ruta migratoria de flamencos rosas y cormoranes, un paraíso ornitológico para los aficionados.

© S74 · SHUTTERSTOCK.COM

*Termas romanas de Fordongianus.*

### ■ MUSEO CIVICO GIOVANNI MARONGIU ⭐⭐

Via Tharros
A las afueras del pueblo.
✆ +39 0783 290 636
www.museocabras.it

El museo recorre cronológicamente la historia antigua de la región, desde el Neolítico hasta la época romana. Las excavaciones en el yacimiento de Cuccurru Is Arrius han desenterrado mil lingotes de plomo procedentes de un naufragio romano. Muchos objetos proceden de la antigua ciudad de Tharros. Sin embargo, la joya del museo es la fascinante serie de estatuas gigantes del yacimiento nurágico de Monte Prama, unos «gigantes» de piedra.

### ■ SPIAGGIA DI IS ARUTAS ⭐⭐⭐

Is Arutas
A 15 km del centro de Cabras.

Una joya de Sinis, tierra de flamencos, lagunas y ciudades fenicias y romanas (Tharros). La playa de Is Arutas es un sitio realmente especial: sus diminutos granos de cuarzo blanco, rojo y verde le proporcionan unos reflejos únicos. Pero, por desgracia, también ha sido presa de vándalos en busca de recuerdos. Parte de una reserva marina, este tramo de costa es muy popular entre los surfistas, especialmente cuando sopla el mistral. Cuando las aguas están tranquilas, son ideales para bucear, así que no olvide sus gafas.

## FORDONGIANUS

Forum Traiani, antiguo nombre de Fordongianus, fue la principal fortificación romana del interior de Cerdeña. Aún pueden verse las ruinas del acueducto, el anfiteatro y las termas. Las aguas termales de Fordongianus, ricas en ácido sulfúrico, cloro y ácido nitroso, son famosas por sus propiedades curativas. Hoy en día, estas aguas pueden disfrutarse en el moderno Centro Terme di Sardegna, o en un pequeño balneario situado a doscientos metros, a orillas del río Tirso.

El pueblo de Fordongianus está construido principalmente con traquita roja. Su edificio más interesante es la casa Madeddu, que data del siglo XVII. Desde la localidad se llega a la iglesia de San Lussorio, construida hacia 1100 sobre un hipogeo paleocristiano.

## SAN SALVATORE

Este pequeño pueblo es un tanto insólito pues fue reurbanizado en un estilo mexicano en 1965 para rodar una película. Restaurado en 1990, es un lugar bastante sorprendente. En la carretera hacia Tharros se encuentra el santuario de San Salvatore, erigido por los romanos en el siglo IV sobre un pozo sagrado de la época nurágica, dedicado al culto al agua y utilizado después por los cartagineses y los romanos para celebrar sus cultos.

## ARBOREA

Esta pequeña ciudad, fundada por Mussolini en 1928, se llamaba entonces Mussolinia. Sus calles perpendiculares y sus edificios de estilo Liberty llevan el sello de la estética fascista. Hoy en día, la ciudad es famosa por la producción a gran escala de lácteos y ganado de pura raza. Las sandías, las fresas y las hortalizas son algunos de los productos más exportados.

## MARCEDDÌ

Marceddì es la puerta de entrada a las dunas de Piscinas. Es un pequeño pueblo de pescadores que también es famoso por sus dos lagunas: Marceddi y San Giovanni. En el puerto encontrará fácilmente buenos restaurantes de pescado.

## MONTE ARCI

Situado en un parque geominero a 812 m de altitud, el monte Arci es conocido por sus extraordinarios yacimientos minerales. Está cubierto de alcornoques y su vegetación alberga una población de jabalíes, zorros, gatos monteses... En el monte también abundan los manantiales de agua mineral.

# IGLESIENTE

Se denomina Iglesiente a esta vasta comarca minera que se extiende alrededor del pueblo de Iglesias y forma un triángulo rectángulo desde Cixerri hasta el oeste del valle de Flumentepido. Desde hace más de 3000 años, la región vive de la explotación de sus minas, ricas en hierro, zinc, plomo y plata.

## IGLESIAS ⭐⭐

La ciudad de Iglesias siempre ha sido muy codiciada debido a la riqueza de su cuenca minera. Su otra riqueza son sus iglesias, tantas que en la Edad Media le pusieron el apodo de «Villa di Chiesa» (la ciudad de las iglesias).

### ■ CASTELLO DI ACQUAFREDDA

En la carretera de Siliqua a Villamassargia.
℡ +39 349 156 4023
www.castellodiacquafredda.com
castellodiacquafredda@gmail.com
A 25 km de Iglesias.

Perfectamente integrado en su entorno, el castillo de Acquafredda apenas se distingue del afloramiento rocoso sobre el que se alza. Fue construido en el siglo XVI por la familia pisana de Ugolino della Gherardesca, en la cima de una extraña colina. Solo se conservan algunos tramos de muralla y la torre del homenaje central. A pesar de las cinco actuaciones realizadas desde los años 1980, el estado de la fortaleza es muy frágil, con frecuentes desprendimientos de tierra. Sin embargo, la vista es excepcional tras una subida ligeramente empinada, ya que el castillo se eleva hasta una altura de 256 metros.

## ■ MINIERA DI MONTEPONI ⭐⭐

Località Monteponi
✆ +39 0781 274 507
www.igeaspa.it
segr.pre@igeaspa.it

Esta extensa mina, de la que se extraía plomo, zinc y cadmio, se extiende al sur de la ciudad. La Società di Monteponi se creó en 1850 para explotar las minas de metales en las afueras de Iglesias. Esta empresa experimentó un auge considerable en la década de 1960, pero cesó todas sus actividades en 1971. Los restos de estas minas son impresionantes y reflejan la intensa actividad que animó este lugar en el siglo XIX. Hoy en día, el yacimiento está casi completamente abandonado y parece una ciudad fantasma. La mina de Monteponi funcionaba de forma autónoma. Los mineros, que llegaron a ser hasta mil, vivían en el lugar, donde había tiendas para que estos se dejaran sus sueldos.

El complejo industrial minero de Monteponi se desarrolló alrededor del elegante palacio Bellavista, de estilo Liberty, donde, desde 1866, la dirección de la mina estableció su sede. En un edificio cercano, se puede admirar la imponente y evocadora pintura mural *La Miniera,* del artista Aligi Sassu. La galería Villamarina se excavó a partir de 1852, a 174 metros de altitud. Esta debe su nombre al virrey de Cerdeña, el marqués de Villamarina. Esta galería está conectada con los dos pozos más importantes de la mina: el pozo Vittorio Emanuele, excavado en 1863, facilitaba el paso de los mineros y el transporte del mineral a la superficie. El pozo Sella, excavado en 1874, albergaba las bombas utilizadas para extraer el agua de las galerías. La visita también incluye la sala de los compresores, donde estaba la turbina de vapor que generaba electricidad.

## ■ MINIERA DI SAN GIOVANNI – GROTTA DI SANTA BARBARA ⭐⭐

✆ +39 0781 274 507
infoturistiche@comune.iglesias.ca.it

Desde el exterior, la mina de San Giovanni no parece diferente al resto de las minas de la región de Iglesiente. Los yacimientos ya eran conocidos en tiempos de los romanos, quienes exploraron los subsuelos en busca de galena argentífera. El poblado de Norman estaba reservado a los administradores y empleados, mientras que las casas de los mineros se agrupaban alrededor de la plaza Taylor. La compañía Pertusola, que obtuvo la concesión, pertenecía a un lord inglés, de ahí los nombres de los diferentes espacios.

Hoy en día, al igual que los mineros de antaño, los visitantes suben a los vagones de un tren eléctrico que se sumerge, con una sacudida, en la oscuridad subterránea. Al final del trayecto, los visitante cogen un ascensor y luego una

VISITA

*Miniera di San Giovanni - Grotta di Santa Barbara.*

rampa de escaleras que conduce a una gruta sorprendente. Fue descubierta en abril de 1952, cuando los mineros excavaban un horno. De repente, entre las rocas, vislumbraron calcita blanca, cavaron más y se encontraron con una cueva excepcional. Sus concreciones blancas, columnas, cristales oscuros y arabescos de calcita blanca parecen desafiar la fuerza de la gravedad. Las estalagmitas más impresionantes casi tocan los techos, cubiertos de cristales tabulares de baritina. Estas láminas de cristales rojizos son tan afiladas como cuchillas de afeitar. Durante cientos de años, esta cueva permaneció oculta en el corazón de la roca. Está dedicada a Santa Bárbara, patrona de los mineros. ¡Una visita imprescindible y mágica!

■ **MUSEO DELL'ARTE MINERARIA** ⭐⭐
Istituto Minerario G. Asproni
Via Roma, 47; ℰ +39 0781 350 037
www.museoarteminerraria.it
apimmg@tiscali.it

En 1871 se abrió en Iglesias una escuela para directores de minas, con un museo mineralógico y un laboratorio. En 1911, la escuela se trasladó a unos edificios financiados por el ingeniero Giorgio Asproni, a quien está dedicado el Instituto. El museo muestra una interesante colección de minerales raros encontrados en la región de Iglesiente. También expone maquinaria original y todo tipo de herramientas relacionadas con la minería, maquetas y numerosas fotografías.

## DOMUSNOVAS

Domusnovas fue fundada por los pisanos en la Edad Media, debido a la excepcional riqueza de agua y recursos agrícolas del territorio. Las fortificaciones originales ya no existen. En el lugar del castillo, erigido en el centro, en Via Cagliari, se encuentra actualmente la iglesia de la Madonna Assunta, que data del siglo XVII. Este pequeño pueblo tiene iglesias, interesantes, pero también merece la pena por su yacimiento arqueológico, al que se puede acceder desde Via Cagliari, tomando a la derecha via Nuraghe y continuando a la izquierda hasta el complejo nurágico S'Omu e S'Orcu, «la casa del ogro» en dialecto sardo.

# VALLE DE ANTAS

Esta zona arqueológica conserva las ruinas de las tres civilizaciones que eligieron instalarse en este valle, rico en recursos minerales. El templo romano de Antas es una maravilla arquitectónica construida en medio de una vegetación exuberante. Dedicado a la divinidad sarda Sardus Pater Babai, primero fue un edificio púnico edificado en un lugar nurágico. Esta divinidad, conocida por los cartagineses como Sid Adcer Babai y por la civilización nurágica como Sid Addir, fue asumida en la época romana por los sardos, que todavía utilizan la palabra *babai* con el significado de «padre». Sardus Pater era un venerado cazador y un guerrero del valle.

## ■ NECROPOLI NURAGICO DI ANTAS

Siga el valle de Antas por la SS-126 entre Iglesias y Fluminimaggiore.
A pocos metros del templo, durante las excavaciones realizadas por el arqueólogo Giovanni Ugas en 1984, se encontraron tres tumbas pertenecientes a una necrópolis. Dos de ellas contenían restos humanos carbonizados bajo una capa de tierra ennegrecida. Se trataba probablemente de tumbas de cremación de la Edad de Bronce. La tercera tumba solo contenía las pertenencias de los muertos. Se trata sin duda de una necrópolis de época nurágica.

## ■ TEMPIO DI ANTAS

✆ +39 0781 580 990
www.startuno.it
info@startuno.it
En la SS-126 entre Iglesias y Fluminimaggiore.
El templo, que data de la época de Augusto y fue reconstruido en el siglo III, se levantó sobre un antiguo templo púnico. Cuenta con columnas jónicas y un pronaos, el vestíbulo de entrada de los templos griegos. El ádyton (patio del templo griego) está dividido en dos partes porque albergaba una cámara secreta en la que solo podían entrar los sacerdotes. Descubierto en 1836 y reconstruido en 1967, el templo contiene un mosaico y dos pilas para las ceremonias de purificación. En la estructura se colocó una estatua del dios, de la que se ha encontrado un dedo.

# FLUMINIMAGGIORE

La pequeña ciudad minera de Fluminimaggiore (3000 habitantes) está enclavada en las montañas, pero no muy lejos de la costa. Fluminimaggiore se extiende a lo largo del río Mannu, rodeado de naranjos y juncos.

## ■ GROTTA DI SU MANNAU

Località Su Mannau
✆ +39 0781 580 411
www.sumannau.it
sumannau@tiscalinet.it
Se puede llegar a la gruta de Su Mannau siguiendo la SS-126 o en una ruta a pie desde el yacimiento arqueológico de Antas.
El recorrido turístico por estas cuevas tiene unos 500 m de longitud, con una serie de pasarelas y escaleras que requieren una buena condición física.

Ofrece la posibilidad de visitar un yacimiento de gran interés arqueológico y espeleológico. La cueva ya era frecuentada por poblaciones antiguas. La primera sala se utilizaba para el culto pagano al agua, como atestiguan los fragmentos de lámparas votivas halladas en el lugar. Le sigue la sala del Sonno (sueño), con un enorme pino rodeado de diminutos cristales de calcita e interminables estalactitas. Se cree que esta cueva es una de las más antiguas del mundo.

El lago Pensile alberga una especie de crustáceos isópodos, los *stenasellus*, observables a simple vista. La ruta sube y baja por las paredes rocosas hasta llegar a la cámara de Ribaldone, la más alta y ancha del yacimiento. A lo largo del camino se pueden ver un manantial y pequeños lagos, que llevan a los visitantes por un corredor rodeado de estalactitas blancas hasta el Pozzo Rodríguez, donde se puede ver una columna de ocho metros formada por el encuentro de una estalactita y una estalagmita. Los aficionados a la espeleología pueden reservar visitas guiadas para realizar un recorrido de ocho kilómetros reservado para ellos, que les llevará hasta una profundidad de 1,5 kilómetros. La asociación que organiza las excursiones (que duran entre 3 y 8 horas) proporciona todo el equipo necesario.

### ■ MUSEO ETNOGRAFICO DI FLUMINIMAGGIORE ⭐
Piazza Gramsci
✆ +39 0781 58 09 90
www.startuno.it
info@startuno.it
El museo etnográfico ocupa el antiguo molino de agua del pueblo y ofrece un viaje en el tiempo. Su rica colección muestra los oficios del pasado. En el interior de las siete salas se exponen objetos y herramientas de trabajo que ilustran el mundo agrícola y pastoril de antaño. Algunas reconstrucciones de interiores, desde la cocina hasta el dormitorio, recrean con precisión el entorno vital de los habitantes de la región. Divertido e interesante.

# ARBUS

Arbus está a unos quince kilómetros de Fluminimaggiore y, aunque este pueblo no merezca mucho la pena, si está por la zona, puede aprovechar para visitar el Museo del Cuchillo de Cerdeña.

### ■ MUSEO DEL COLTELLO SARDO
Via Roma, 15
✆ +39 070 975 9220
www.museodelcoltello.it
arburesa@tiscalinet.it
Dos de las piezas expuestas en este pequeño museo permitieron a su creador, el artesano local Paolo Pusceddu, entrar en el *Libro Guinness de los Récords* por fabricar los cuchillos plegables más grandes y pesados del mundo. En las vitrinas se exponen los cuatro tipos de cuchillos sardos: *arburese, pattudese, guspinesa* y *corrina*. También se muestran espadas y navajas de los siglos XVIII y XIX. El taller de Paolo Pusceddu ocupa una casa tradicional justo al lado del museo.

# MONTEVECCHIO

Inauguradas en 1848, las imponentes minas de Montevecchio producían grandes cantidades de plomo y zinc, con picos de actividad durante las dos guerras mundiales. A partir de los años 1960, Cerdeña sufrió con toda su fuerza los efectos de la desindustrialización. En 1991, las minas cerraron definitivamente. Lo que queda es un extenso complejo de minas en desuso, que cubren una superficie impresionante en un entorno de montañas y bosques de excepcional belleza.

### ■ MINIERA DI MONTEVECCHIO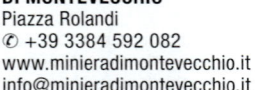

Piazza Rolandi
✆ +39 3384 592 082
www.minieradimontevecchio.it
info@minieradimontevecchio.it

Antes de convertirse en una de las explotaciones mineras más productivas de Europa entre 1850 y 1960, la región de Montevecchio ya era conocida por su riqueza en plomo y zinc. Los romanos y los cartagineses ya extraían estos metales al oeste de Ingurtosu. Los romanos trabajaban la roca en galerías diminutas, mientras que los cartagineses la calentaban y luego la congelaban para romperla. Durante los siglos XIII y XIV, los pisanos y aragoneses intensificaron el ritmo de extracción. Hacia 1850, el empresario sardo Giovanni Antonio Sanna obtuvo del rey de Cerdeña el derecho a explotar este yacimiento, e hizo construir un pueblo para los mineros. Les pagaban con una moneda que solo podía utilizarse en las tiendas y bares del pueblo, manteniéndolos así en una especie de esclavitud económica. Los hombres trabajaban en las galerías subterráneas, mientras que las mujeres trituraban las rocas y separaban los metales del polvo en el exterior. Los niños también trabajaban junto a sus padres, sin recibir salario ni contar con ningún sistema de protección

social. Cuando la compañía Piemontese Anglosarda tomó el control del yacimiento, la producción aumentó considerablemente, especialmente durante las dos guerras mundiales debido a la acuciante demanda de materiales. Sin embargo, en la década de 1960, la explotación de las minas de Montevecchio se volvió cada vez más costosa y su actividad cesó definitivamente a principios de los años 1990. Hoy en día, los antiguos mineros que trabajaban en estas minas se han convertido en guías turísticos que conducen a los visitantes por las galerías de la mina.

### ■ MONTE ARCUENTU

Símbolo de la región de Arbus, esta montaña, y las colinas que la rodean, ofrecen una variedad excepcional de paisajes y fauna. Se han registrado no menos de cien especies de animales y cuarenta especies vegetales protegidas. El ciervo sardo es el ejemplar más representativo de esta zona. Se han trazado senderos para realizar excursiones a pie, a caballo o en bicicleta, que permiten admirar la riqueza natural de la región, sus montañas y playas, sus minas y pozos, entre ellos el Pozzo Amsicora, símbolo de las últimas luchas sindicales de los mineros.

# GUSPINI

Este centro agrícola e industrial siempre ha estado entre los más prósperos de la región, incluso durante la crisis minera que afectó a la economía del país en las décadas de 1960 y 1970. Construida sobre un área habitada desde la Antigüedad, Guspini conserva en sus alrededores restos arqueológicos muy importantes. A unos cinco kilómetros

© MAXVAN23 - SHUTTERSTOCK.COM

*Ermita de Guspini.*

del centro, en el monte Saurecci, se levanta el fuerte nurágico de Saurecci. Continuando por la carretera provincial, se llega a las excavaciones arqueológicas de Neapolis, donde se pueden visitar los restos de una aldea romana.

En el centro de la ciudad, vale la pena visitar la iglesia de San Nicola di Mira, que ha conservado su estructura original del siglo XV, de estilo gótico, con una fachada en la que destaca su rosetón central. Para los aficionados a la geología, la ciudad también cuenta con un excepcional monumento natural: las columnas de basalto de Guspini.

### ■ BASALTI COLONNARI ⭐
La entrada al recinto, que es gratuita, se realiza a través de unos jardines privados, que no siempre son fáciles de encontrar. Para visitarlos hay que preguntar al propietario. Se puede llegar siguiendo las señales de «Basalti Colonnari» desde el centro de la ciudad. Los basaltos columnares de Guspini son

formaciones geológicas muy raras, que datan de hace unos tres millones de años. Estas paredes de roca basáltica se caracterizan por una estructura columnar de base hexagonal, producida por la expulsión y el enfriamiento inmediato de coladas de lava.

## BUGGERRU

Buggerru es otro centro minero, que también data de mediados del siglo XIX. En 1904 se organizó allí la primera huelga de mineros en Italia. Tras cinco días de protestas, los huelguistas fueron masacrados por las autoridades. La ciudad cuenta con un pequeño puerto junto al cual se encuentra un complejo de minas abandonadas desde 1998.

El pueblo de Buggerru, erigido en un desfiladero que desciende hacia el mar, fue uno de los centros más desarrollados de Cerdeña a principios del siglo XX. Su crecimiento económico se debía a la presencia de numerosas compañías extranjeras dedicadas a la explotación de sus minas de granito. Gracias a su vitalidad industrial, contó con energía eléctrica e iluminación pública antes que la mayoría de las otras ciudades sardas. Desde hace algunas décadas, Buggerru ha comenzado a experimentar cierto desarrollo turístico gracias a la cercana playa de Portixeddu.

## MASUA Y PORTO FLAVIA

Alberga varias antiguas casas de mineros. La mina de Porto Flavia, que toma su nombre de la hija mayor del ingeniero que construyó las galerías en 1924, está excavada en los acantilados y da al mar, lo que le confiere su belleza y originalidad.

## NEBIDA ⭐

Nebida alberga los restos del lavadero de Lamarmora, donde las mujeres que trabajaban en las minas limpiaban los minerales en bruto con agua de mar. Situado cerca de la costa, este edificio ha sido restaurado. Desde el mirador panorámico, se puede contemplar toda la costa de Nebida, el golfo de Gonnesa, la isla de Piana y la isla de San Pietro.

## SERUCI

En Seruci se puede visitar un poblado nurágico que data de la época púnica. Cuenta con un centenar de cabañas nurágicas recientemente restauradas, aunque los trabajos no han finalizado.

## PORTOSCUSO

Portoscuso es una encantadora ciudad costera fundada en el siglo XVI por los españoles que pescaban aquí atún y coral. Con sus bahías rocosas y sus arrebatadoras playas, es un bonito lugar de veraneo. La torre de treinta metros de traquita roja oscura también data de la época española. Se accede a ella desde el puerto.

© ALESSIO ORRU – SHUTTERSTOCK.COM

*Nebida.*

# COSTA VERDE

La Costa Verde abarca toda la costa oeste, desde el sur del golfo de Oristano hasta el norte de Buggerru.

## DUNAS DE PISCINAS

Esta parte de la costa, formada por dunas tan altas que pueden llegar a alcanzar varias decenas de metros, está cubierta en su interior por matorrales y vegetación que le dan su nombre. El viento mistral ha empujado la arena depositada por el mar en la orilla, formando estas gigantescas dunas. La sequedad predominante hace que parezca un desierto. Al norte se encuentra el centro turístico de Torre dei Corsari, la «torre de los Corsarios». La zona situada a pocos kilómetros al norte de Piscinas lleva el nombre de Is Arenas S'Acqua e S'Ollastu, las «arenas de la fuente del olivo». Esta región puede ser muy ventosa y el acceso puede resultar bastante difícil.

# ■ CARBONIA Y REGIÓN SULCIS ■

En el suroeste de la isla, la región de Sulcis se extiende desde el valle del río Cixerri hasta el golfo de Palmas. Incluye las islas de San Pietro y Sant'Antioco, las más grandes de la costa sarda. Esta región cuenta con numerosas ciudades en ruinas, tumbas de gigantes, nuragas y domus de janas, que se pueden descubrir siguiendo una de las rutas que atraviesan la región.

## CARBONIA

Carbonia se alza en el centro de la región de Sulcis, conocida, al igual que la región de Iglesiente, por su riqueza minera. El desarrollo de la región comenzó en el siglo XIX y se consolidó a partir de la década de 1920, durante el periodo fascista y la posguerra.

Carbonia es una ciudad nueva que debe su nombre a las minas de carbón que le dieron prosperidad. Fundada en 1937 por Mussolini, es un ejemplo significativo de un centro minero planificado, con una arquitectura austera e imponente que refleja el estilo fascista. En la Piazza Roma se encuentra el ayuntamiento, la iglesia de San Ponziano, construida en traquita roja, y la torre Civica, que tiene 27 metros de altura. El teatro, que también forma parte del centro original de la ciudad, llama la atención por sus líneas muy regulares.

En la periferia sur, cerca de la estación de tren, se pueden ver los restos de la mina de Serbariu, un testimonio de su historia minera. Fue la primera y más importante mina de carbón de la región, y hoy en día conserva casi intactos sus dos pozos. En 1938, las galerías se inundaron, causando la muerte de cinco mineros; en esa época, la mina empleaba a 11 000 personas. Posteriormente, la caída del precio del carbón de Sulcis condujo a la disminución de la producción, y la mina cerró en 1971. Abandonada durante mucho tiempo, se revalorizó con la creación del parque geominero.

En su época de mayor apogeo, la ciudad llegó a tener 60 000 habitantes. Hoy en día, la población se ha reducido a

30 000. Aunque la localidad no tiene un interés especial, la gente permanece en Carbonia por su ambiente animado, como lo demuestran los diversos espectáculos que se programan en el anfiteatro.

### ■ MUSEO DEL CARBONE ⭐⭐

Centro Italiano della Cultura del Carbone
Gran mina de Serbariu
Località Serbariu
☎ +39 0781 670 591
www.museodelcarbone.it
info@museodelcarbone.it

La antigua mina de carbón de Serbariu, en el sur de la ciudad, alberga un museo dedicado a este mineral. Una interesante visita guiada recorre una antigua galería, la sala de las lámparas y la sala de los cabrestantes. Durante 45 minutos, un guía conduce a los visitantes a través de la historia de la minería del carbón en Carbonia. La sala de las lámparas muestra herramientas y ropas de trabajo, fotos antiguas y películas de la época.

Unos impresionantes tornos activaban los ascensores que transportaban a los trabajadores y a los carros cargados de carbón.

### ■ NECROPOLI DI MONTESSU ⭐⭐

Villaperuccio; ☎ +39 0781 188 8258
info@montessu.it

A unos 15 km de Carbonia, en la carretera entre Villaperuccio y Santadi. De fácil acceso y bien señalizado cuando se viene de Nuxis, a la derecha, en dirección a Villaperuccio. La necrópolis de la cultura Ozieri (que data del año 5000 a. C.) está excavada en un anfiteatro rocoso que incluye 35 tumbas conocidas como domus de janas. Hay dos tumbas santuario, las más grandes de Cerdeña. Los dibujos tallados en la roca representan cuernos de toro, mientras que en el interior de las tumbas hay grabadas unas espirales que simbolizan a la divinidad Dea Madre, la diosa madre. La visita dura unas dos horas: se recomienda llevar buen calzado

*Necrópolis de Montessu.*

para caminar, ya que el recorrido es bastante largo y transcurre por un terreno escarpado.

### ◼ PARCO ARCHEOLOGICO DI MONTE SIRAI

Strada Statale 126, km 17
✆ +39 0781 188 8256

A dos kilómetros al norte de Carbonia. El Parque Arqueológico de Monte Sirai es un testimonio imprescindible de la ocupación fenicia de Cerdeña. Los primeros restos encontrados en este vasto yacimiento se remontan al Neolítico. Pero fueron los fenicios quienes lo convirtieron en un importante centro urbano hacia el año 730 a. C. Los restos revelan una ciudad de dimensiones considerables.

Las casas constaban de cuatro bloques dispuestos alrededor de un patio central. Los suelos elevados, las paredes enlucidas y las canalizaciones revelan los avances técnicos de esta civilización. Algunas de las estructuras, como el templo de Astarté, se construyeron con piedras extraídas de edificios nurágicos. Los rastros de destrucción atestiguan las incursiones cartaginesas en el siglo VI a. C. A esto siguió una fase de recesión con el abandono de muchos asentamientos. En el siglo IV a. C. se reforzaron las fortificaciones y se erigió el tofet donde se celebraban los rituales de sacrificio. Hay pruebas de un nuevo desarrollo residencial en la primera mitad del siglo III a. C. Parece que el sitio fue abandonado precipitadamente alrededor del año 110 a. C. Los objetos encontrados que datan de este período son todos de gran tamaño y no hay rastro de objetos de uso cotidiano. Es posible que la meseta fuera ocupada esporádicamente después de este período. Cerca del tofet se encontró una moneda del siglo IV.

## SAN GIOVANNI SUERGIU

No hay que perderse la gruta de Santa Bárbara. Descubierta por casualidad en 1952 durante la excavación de un horno en la mina de San Giovanni, se ha abierto al público recientemente. Está formada por una gran variedad de cristales raros.

# ◼◼ ISLA DE SANT'ANTIOCO ◼◼

Es la cuarta isla más grande de Italia. Desde 1939 está unida a Cerdeña por un moderno puente sobre un istmo de cinco kilómetros que facilita mucho el acceso. En verano, la isla es un destino turístico muy frecuentado por los sardos, con sus numerosas playas y un equipamiento turístico muy completo. La ciudad de Sant'Antioco, al final del puente, es la primera de la isla, seguida de la bonita localidad costera de Calasetta, al norte. Desde el mar, se pueden admirar Portixeddu, las playas de arena blanca de Maladroxia y Turri, y continuar hasta Capo Sperone y los acantilados de la costa oeste. La isla cuenta con numerosos yacimientos protohistóricos, como el nuraga de S'Ega, de Marteddu.

## SANT'ANTIOCO

En el interior abundan los pequeños bosques de lentisco y enebro. La costa cercana a Su Cavu de Su Logu es de origen volcánico, como demuestra su color negro.

VISITA

## CALASETTA

La localidad costera de Calasetta, a unos quince kilómetros de Sant'Antioco, es también la segunda ciudad más grande de la isla. Cuenta con buenas instalaciones turísticas. Sus calles estrechas, rodeadas de casas de colores pastel, le aportan encanto y tranquilidad. Mientras que Sant'Antioco es más animada, Calasetta tiene un ambiente más familiar.

# ISLA DE SAN PIETRO

Solo treinta minutos en barco separan Sant'Antioco de la isla de San Pietro. Colonizada por los fenicios, y luego por los cartagineses y los romanos, San Pietro fue abandonada hasta 1738. Ese año, Carlos Manuel III envió allí a un pequeño grupo de pescadores de Liguria, deportados a la costa tunecina dos siglos antes y amenazados entonces por los ataques bárbaros. Los pescadores encontraron en Carloforte la oportunidad de pescar coral e importar su cultura y tradiciones. Hoy en día, los habitantes de San Pietro hablan un antiguo dialecto ligur, introducido por las familias que habían abandonado la isla norteafricana de Tabarka, antigua colonia genovesa. San Pietro debe su nombre a la estancia del apóstol Pedro en la isla durante su viaje hacia Karalis, la actual Cagliari. San Pietro es la isla de la soledad, de playas desiertas, pequeñas calas y rocas claras que se funden en un mar turquesa. El suave aroma del mirto, el enebro y el romero impregna el interior de la isla. Estas tierras privilegiadas son el hogar de especies raras de cormoranes y halcones reales.

## CALOFORTE

La única ciudad de la isla, Carloforte, está profundamente influenciada por los orígenes ligures de sus habitantes. Recientemente ha sido nombrada ciudad honoraria de la provincia de Génova debido a los fuertes vínculos entre esta pequeña isla sarda y la capital de Liguria. Tanto su dialecto como la arquitectura de Carloforte presentan características únicas en Cerdeña. Esto ya se nota al llegar al puerto, rodeado de pequeños palacios del siglo XIX, de estilo Liberty, con tonalidades suaves de rosa, verde y azul. Aquí, en verano, se reúne todo el mundo para dar un paseo nocturno. La plaza central, situada en la calle que bordea el puerto, está dominada por la estatua de Carlos Manuel III, a la que le falta un brazo. Fue erigida en 1788 en honor al rey ligur que había fundado la ciudad cincuenta años antes.

Siguiendo por la Via Tagliafico, se llega a la Piazzetta Repubblica, rodeada de magnolios, donde se puede visitar la iglesia de estilo barroco tardío de San Carlo. El centro de Carloforte ofrece vistas pintorescas: sus calles regulares, poco transitadas y demasiado estrechas para los vehículos, se convierten a veces en escaleras. Sus edificios de colores claros tienen pequeños balcones, utilizados para tender la ropa o para contemplar la calle en verano. En la Via Castello, el palacio del gobierno, una antigua prisión, es hoy conocido como la Casa del Duca. Este edificio, uno de los más antiguos de Carloforte, alberga la residencia del gobernador y la primera iglesia de la ciudad.

# INFO
# PRÁCTICA

Centro histórico de Bosa.
© VALERIOMEI

# INFO PRÁCTICA

## Dinero

▶ **Moneda.** Euro (€).

▶ **Coste de vida.** La vida en Cerdeña, en general, cuesta lo mismo que en España. Esto es evidente en los productos alimenticios cotidianos, los restaurantes o el transporte público. Sin embargo, la gasolina es generalmente más cara y en las ciudades de *alto standing,* como Porto Cervo y Porto Rotondo en la Costa Esmeralda, encontrará los mismos precios exorbitados que en Marbella.

▶ **Formas de pago.** Siendo Italia un país de la zona euro, podrá retirar dinero y pagar con tarjeta de crédito (Visa, MasterCard, etc.) como lo haría en España. No hay necesidad de llevar grandes cantidades de dinero en efectivo.

▶ **Propinas.** Según una larga tradición italiana, el servicio se paga ya en el momento de sentarse a la mesa: muchos restaurantes cobran por el pan y los cubiertos (generalmente de 1,50 € a 2 €). También se acostumbra dejar una propina por el servicio (del 10 al 15 % del importe de la factura).

## Equipaje

De junio a septiembre, se recomienda llevar ropa holgada, preferiblemente de algodón: camisetas, pantalones cortos y vestidos veraniegos, sin olvidar, por supuesto, el bañador. No obstante, mejor no hace *topless:* corre el riesgo de causar revuelo en las playas sardas, donde este tipo de exhibición es considerada provocativa por muchos... Y no olvide meter en la maleta algún jersey, ya que las noches suelen ser frescas y con viento, sobre todo en las zonas costeras. Fuera de temporada, lleve ropa de abrigo, sobre todo si pretende explorar el interior de la isla. Por último, si quiere disfrutar de los bellos paisajes de Cerdeña y practicar senderismo, no olvide la ropa adecuada: botas de montaña, calcetines de lana, chubasqueros y pantalones de Goretex, por ejemplo.

## Electricidad

En Italia, la electricidad es de 220 V, con una frecuencia de 50 Hz, pero en algunos lugares, sobre todo edificios antiguos, pueden ser de 125 V.

## Formalidades

Para estancias inferiores a tres meses, basta con un documento de identidad o pasaporte en vigor. Para estancias superiores, la *Questura* (prefectura) expedirá un *permesso di soggiorno* (permiso de residencia) válido durante cinco años.

## Idiomas

La lengua vehicular es el italiano. Entre ellos, los sardos hablan sus dialectos y la tradición perdura. En la costa y en la mayoría de las zonas turísticas, muchos jóvenes hablan inglés, pero no es tan frecuente entre la gente mayor.

# QUÉ HACER / QUÉ NO HACER

◗ **Cerdeña sigue siendo una tierra tradicionalista,** sobre todo en los pueblos del centro de la isla. Por ello, las mujeres, sobre todo las que viajan solas, deben evitar llevar minifaldas o escotes excesivamente reveladores.

◗ **Alguna palabra en italiano siempre es bienvenida** en las tiendas locales, en el transporte público o en las estaciones de tren: *scusi, grazie, buongiorno, buonasera*... Aunque la conversación continúe en otro idioma, su interlocutor siempre estará más dispuesto a ayudarle si hace un esfuerzo por adaptarse.

◗ **Muestre interés por la cultura y los lugares de la región.** Los sardos estarán encantados de hablarle de la historia y la tierra de la que están tan orgullosos. No dude en hacerles cumplidos.

◗ **No sea demasiado formal** cuando conozca a un sardo. Al principio pueden parecer fríos, pero poco a poco se irán abriendo.

◗ **Evite las preguntas** sobre el deseo de independencia sardo en un principio.

◗ **Aventúrese** hacia los pueblos remotos para descubrir una Cerdeña aún aislada y virgen.

◗ **Evite hacer fotografías** en los pueblos apartados, ya que no está bien visto.

◗ **Pasee por las ciudades y pueblos sardos** al final del día. Hacia las seis de la tarde, es cuando vuelve la vida a las calles: la gente sale después de la siesta para ir al café, a las tiendas o a misa. Además, a esta hora, los colores del sol sobre las colinas o el mar suelen ser más vistosos.

◗ **Protéjase del sol,** especialmente agresivo en pleno verano. Las playas rara vez tienen sombra, por lo que se recomienda salir a primera o última hora del día.

# Cuándo ir

Si puede, evite Cerdeña en julio y agosto (sobre todo el norte de la isla y, en especial, la costa): además del calor abrasador, la isla queda literalmente invadida de turistas y los precios de los hoteles se disparan. La época más agradable para ir es sin duda la primavera: el tiempo es ideal, la naturaleza está en plena floración y se suceden las fiestas populares y religiosas. Aunque el clima mediterráneo permite disfrutar de Cerdeña durante casi todo el año, tenga en cuenta que el invierno es fresco, incluso frío, en las montañas de Barbagia y en el centro de la isla.

# Salud

Al igual que el resto de Italia, Cerdeña no presenta riesgos sanitarios. Por tanto, no es obligatorio vacunarse. Incluso encontrará los mismos medicamentos estándar que en España.

## Seguridad

Más allá de los tópicos, no hay mucho que arriesgar en Cerdeña. Por supuesto, hay que tener cuidado con el bolso, guardar equipaje en el coche, dejar el móvil en la mesa de una terraza...

▶ **Viajeros con discapacidad.** Cerdeña no está especialmente adaptada. Aunque cada vez hay más instalaciones equipadas para usuarios en silla de ruedas, la mayoría de los establecimientos sardos están lejos de poder acogerlos.

▶ **Viajeros LGTBI.** La isla es una tierra tradicionalista, pero también muy acogedora. Aquí puede contar con el respeto y la hospitalidad de los hoteleros.

▶ **Viajar con niños.** Cerdeña es un destino ideal para los niños. Además de los placeres del mar y la naturaleza, los sardos son muy hospitalarios con los más pequeños y les darán una cálida bienvenida en el hotel o el restaurante.

▶ **Mujeres solas.** Como siempre, impera el sentido común. Evite pasear sola por zonas aisladas, sobre todo de noche, pero, en general, no hay riesgos y puede viajar sola sin problemas.

## Teléfono

▶ **Código de área:** +39.

▶ **Para llamar de España a Cerdeña:** 00 39 + código de ciudad + número.

▶ **Llamadas locales:** código de provincia completo + número.

▶ **Para llamar de Cerdeña a España:** 00 34 + número completo.

*Productos gastronómicos de Cerdeña.*

© AUTHOR'S IMAGE

# ÍNDICE DE CONTENIDOS

## ■ A - B - C ■

ACQUARIO DI CALA GONONE. . . . . . . . . . . . . . . 71
AGGIUS . . . . . . . . . . . . . . . . . . . . . . . . . .90
AGLIENTU . . . . . . . . . . . . . . . . . . . . . . . . .92
ALGUER . . . . . . . . . . . . . . . . . . . . . . . . .102
ANFITEATRO ROMANO. . . . . . . . . . . . . . . . . . 45
ANGLONA. . . . . . . . . . . . . . . . . . . . . . . . .94
ANTICA CITTÀ DI CORNUS. . . . . . . . . . . . . . . 113
ANTICA CITTÀ DI NORA . . . . . . . . . . . . . . . . . 51
ANTIQUARIUM TURRITANO. . . . . . . . . . . . . . . 99
ARBOREA. . . . . . . . . . . . . . . . . . . . . . . . .124
ARBUS . . . . . . . . . . . . . . . . . . . . . . . . . .129
ARCHIPIÉLAGO DE LA MADDALENA . . . . .84
AREA ARCHEOLOGICA DI SANT'EULALIA . . . . . . . 45
AREA ARCHEOLOGICA DI THARROS . . . . . . . . . 121
ÁREA ARQUEOLÓGICA DEL NURAGHE MANNU . . . .71
ARGENTIERA . . . . . . . . . . . . . . . . . . . . . .101
ARZACHENA . . . . . . . . . . . . . . . . . . . . . . .80
ASINARA . . . . . . . . . . . . . . . . . . . . . . . .101
BAJA SARDINIA. . . . . . . . . . . . . . . . . . . . . .80
BARBAGIA Y LA COSTA ORIENTAL . . . . . .54
BARESSA. . . . . . . . . . . . . . . . . . . . . . . . .49
BARI SARDO . . . . . . . . . . . . . . . . . . . . . . .61
BARUMINI . . . . . . . . . . . . . . . . . . . . . . . .48
BASALTI COLONNARI. . . . . . . . . . . . . . . . . . 131
BASÍLICA DE SAN SIMPLICIO . . . . . . . . . . . . . . 75
BASILICA DI SAN GAVINO . . . . . . . . . . . . . . . . 99
BASILICA DI SANTA GIUSTA . . . . . . . . . . . . . . 117
BASILICA DI SANTA MARIA DELLA NEVE . . . . . 114
BASTIONE DI SAINT REMY. . . . . . . . . . . . . . . . 42
BAUNEI . . . . . . . . . . . . . . . . . . . . . . . . . .65
BERCHIDDA . . . . . . . . . . . . . . . . . . . . . .107
BITTI . . . . . . . . . . . . . . . . . . . . . . . . . . .74
BOSA . . . . . . . . . . . . . . . . . . . . . . . . . .108
BUDELLI. . . . . . . . . . . . . . . . . . . . . . . . . .88
BUDONI . . . . . . . . . . . . . . . . . . . . . . . . . .73
BUGGERRU . . . . . . . . . . . . . . . . . . . . . . .131
BUSACHI . . . . . . . . . . . . . . . . . . . . . . . .120
CABRAS . . . . . . . . . . . . . . . . . . . . . . . . .122
CAGLIARI . . . . . . . . . . . . . . . . . . . . . . . . .40
CALA CARTOE. . . . . . . . . . . . . . . . . . . . . . 69
CALA DI BUDONI . . . . . . . . . . . . . . . . . . . . 74

CALA DI VOLPE . . . . . . . . . . . . . . . . . . . . .80
CALA GINEPRO Y CALA LIBEROTTO . . . . . . . . . . 73
CALA GOLORITZÉ . . . . . . . . . . . . . . . . . . . . 65
CALA GONONE. . . . . . . . . . . . . . . . . . . . . .71
CALANGIANUS. . . . . . . . . . . . . . . . . . . . . .90
CALASETTA . . . . . . . . . . . . . . . . . . . . . . .136
CALA SISINE . . . . . . . . . . . . . . . . . . . . . . . 66
CALOFORTE . . . . . . . . . . . . . . . . . . . . . . .136
CANNIGIONE . . . . . . . . . . . . . . . . . . . . . . .81
CAPO D'ORSO . . . . . . . . . . . . . . . . . . . . . .83
CAPO TESTA . . . . . . . . . . . . . . . . . . . . . . . 91
CAPRERA . . . . . . . . . . . . . . . . . . . . . . . . .86
CARBONIA . . . . . . . . . . . . . . . . . . . . . . . .133
CARDEDU. . . . . . . . . . . . . . . . . . . . . . . . .62
CASTELLO . . . . . . . . . . . . . . . . . . . . . . . . .40
CASTELLO D'ELEONORA D'ARBOREA . . . . . . . . 46
CASTELLO DELLA FAVA . . . . . . . . . . . . . . . . . 73
CASTELLO DEL MONTIFERRU . . . . . . . . . . . . . 114
CASTELLO DI ACQUAFREDDA . . . . . . . . . . . . . 124
CASTELSARDO . . . . . . . . . . . . . . . . . . . . . .94
CATERINA MURINO . . . . . . . . . . . . . . . . . . .36
CATTEDRALE DELL'IMMACOLATA. . . . . . . 107, 109
CATTEDRALE DI SAN NICOLA. . . . . . . . . . . . . . 98
CATTEDRALE DI SAN PIETRO. . . . . . . . . . . . . . 89
CATTEDRALE DI SANTA MARIA . . . . . . . . . 42, 102
CATTEDRALE DI SANTA MARIA ASSUNTA . . . . . . 117
CATTEDRALE DI SANTA MARIA DELLA NEVE . . . . . 56
CATTEDRALE DI SANT'ANTONIO ABATE . . . . . . . 94
CENTRO HISTÓRICO . . . . . . . . . . . . . . . . . . . 95
CHIA. . . . . . . . . . . . . . . . . . . . . . . . . . . .52
CHIESA DELLA BEATA VERGINE DEL CARMINE . . 110
CHIESA DELLA MADONNA DEL ROSARIO . . . . . . 110
CHIESA DELLA MISERICORDIA. . . . . . . . . . . . . 102
CHIESA DI SAN FRANCESCO . . . . . . . . . . 102, 117
CHIESA DI SAN MICHELE. . . . . . . . . . . . . . . . 102
CHIESA DI SANT'AGATA. . . . . . . . . . . . . . . . . 50
CHIESA DI SANTA MARIA DI CORTE . . . . . . . . . 111
CHIESA DI SANT'EFISIO . . . . . . . . . . . . . . . . . 51
CHIESA SAN ANDREA E TORRE PISANA . . . . . . . 68
CHIESA SANTA MARIA DELLE GRAZIE . . . . . . . . 95
COMPENDIO GARIBALDINO DI CAPRERA . . . . . . 86
COMPLEJO NURÁGICO DE MALCHITTU . . . . . . . 81
COMPLESSO ARCHEOLOGICO DI TAMULI . . . . . 112

INFO PRÁCTICA

COMPLESSO NURAGICO DI LU BRANDALI . . . . . . 91
CONVENTO DE CAPUCHINOS . . . . . . . . . . . . . . 110
CORSO VITTORIO EMANUELE . . . . . . . . . . . . . . 98
COSTA DE CAGLIARI . . . . . . . . . . . . . . . . . . . .49
COSTA DE GALLURA . . . . . . . . . . . . . . . . . . . .91
COSTA ESMERALDA . . . . . . . . . . . . . . . . . . .78
COSTA ORIENTAL . . . . . . . . . . . . . . . . . . . . . .60
COSTA REI . . . . . . . . . . . . . . . . . . . . . . . . . .60
COSTA VERDE . . . . . . . . . . . . . . . . . . . . . .133
CUEVAS Y CALAS DEL GOLFO DE OROSEI . . . . . . 64
CUGLIERI . . . . . . . . . . . . . . . . . . . . . . . . . .113

## ▪ D - E - F ▪

DIVERLAND WATER PARK VILLAGE . . . . . . . . . . . 50
DOLMEN MOTORRA . . . . . . . . . . . . . . . . . . . . 69
DOMUSNOVAS . . . . . . . . . . . . . . . . . . . . . .127
DORGALI . . . . . . . . . . . . . . . . . . . . . . . . . .69
DUNAS DE PISCINAS . . . . . . . . . . . . . . . . . .133
FERTILIA . . . . . . . . . . . . . . . . . . . . . . . . . .106
FLUMINIMAGGIORE . . . . . . . . . . . . . . . . . . .128
FONNI Y ALREDEDORES . . . . . . . . . . . . . . . . .67
FONTANA DI ROSELLO . . . . . . . . . . . . . . . . . . 98
FORDONGIANUS . . . . . . . . . . . . . . . . . . . . .123
FORMALIDADES . . . . . . . . . . . . . . . . . . . . .138
FORTEZZA DI MONTE ALTURA . . . . . . . . . . . . . 82

## ▪ G - H - I ▪

GALLERIA COMUNALE D'ARTE . . . . . . . . . . . . . . 42
GALLURA INTERIOR . . . . . . . . . . . . . . . . . . .89
GALLURA Y LA COSTA ESMERALDA . . . . . .75
GHILARZA . . . . . . . . . . . . . . . . . . . . . . . . .115
GIARA DI GESTURI . . . . . . . . . . . . . . . . . . . . 48
GIARDINI PUBBLICI . . . . . . . . . . . . . . . . . . . . 42
GIRASOLE . . . . . . . . . . . . . . . . . . . . . . . . .64
GOLFO ARANCI . . . . . . . . . . . . . . . . . . . . .82
GOLFO DE OROSEI Y BARONIA . . . . . . . . .68
GONNOSFANADIGA . . . . . . . . . . . . . . . . . . .46
GROTTA DEL FICO . . . . . . . . . . . . . . . . . . . . 66
GROTTA DI NEREU . . . . . . . . . . . . . . . . . . . . 102
GROTTA DI SU MANNAU . . . . . . . . . . . . . . . 128
GROTTA DI SU MARMURI . . . . . . . . . . . . . . . . 62
GROTTE DEL BUE MARINO . . . . . . . . . . . . . . . 71
GROTTE DI ISPINIGOLI . . . . . . . . . . . . . . . . . . 69
GROTTE DI SAN MICHELE . . . . . . . . . . . . . . . 107
GUSPINI . . . . . . . . . . . . . . . . . . . . . . . . . .130
IGLESIAS . . . . . . . . . . . . . . . . . . . . . . . . .124
IGLESIENTE . . . . . . . . . . . . . . . . . . . . . . . .124
ISLA DE SANT'ANTIOCO . . . . . . . . . . . . .135

ISLA DE SAN PIETRO . . . . . . . . . . . . . . . . .136
ISOLA ROSSA . . . . . . . . . . . . . . . . . . . . .92
ISOLOTTO ROMA . . . . . . . . . . . . . . . . . . . . . . 87

## ▪ J - L - M ▪

JERZU . . . . . . . . . . . . . . . . . . . . . . . . . . .62
LACONI . . . . . . . . . . . . . . . . . . . . . . . . . .120
LAGOS DE GUSANA Y CUCCHINADORZA . . .68
LA MADDALENA . . . . . . . . . . . . . . . . . . . .84
LA MARINA . . . . . . . . . . . . . . . . . . . . . . .45
LANUSEI . . . . . . . . . . . . . . . . . . . . . . . . .63
LA PELOSA . . . . . . . . . . . . . . . . . . . . . . .101
LOGUDORO . . . . . . . . . . . . . . . . . . . . . . .107
MACOMER . . . . . . . . . . . . . . . . . . . . . . . .111
MAMOIADA . . . . . . . . . . . . . . . . . . . . . . .60
MARCEDDÌ . . . . . . . . . . . . . . . . . . . . . . .124
MASUA Y PORTO FLAVIA . . . . . . . . . . . . .132
MEMORIAL GIUSEPPE GARIBALDI . . . . . . . . . . . 86
MENHIRES DE PISCINA REI . . . . . . . . . . . . . . . 61
MINAS DE GRANITO DE LA MADDALENA
   Y SANTO STEFANO . . . . . . . . . . . . . . . . . . . . 85
MINIERA DI MONTEPONI . . . . . . . . . . . . . . . 126
MINIERA DI MONTEVECCHIO . . . . . . . . . . . . . 130
MINIERA DI SAN GIOVANNI –
   GROTTA DI SANTA BARBARA . . . . . . . . . . . . .126
MOLARA . . . . . . . . . . . . . . . . . . . . . . . . .78
MONTE ARCI . . . . . . . . . . . . . . . . . . . . . .124
MONTE ARCUENTU . . . . . . . . . . . . . . . . . . . 130
MONTE DEI SETTE FRATELLI . . . . . . . . . . . . . . 50
MONTIFERRU . . . . . . . . . . . . . . . . . . . . . . . 115
MONTE LIMBARA . . . . . . . . . . . . . . . . . . . . 89
MONTE ORTOBENE . . . . . . . . . . . . . . . . . . . 56
MONTE PULCHIANA . . . . . . . . . . . . . . . . . . . 90
MONTEVECCHIO . . . . . . . . . . . . . . . . . . .129
MURALES DE ORGOSOLO . . . . . . . . . . . . . . . 59
MUSEO ANTIQUARIUM ARBORENSE . . . . . . . . . 119
MUSEO ARCHEOLOGICO . . . . . . . . . . . . . . . 107
MUSEO ARCHEOLOGICO GIOVANNI PATRONI . . . 52
MUSEO ARCHEOLOGICO NAZIONALE . . . . . . . . . 44
MUSEO ARQUEOLÓGICO . . . . . . . . . . . . . . . . 92
MUSEO ARQUEOLÓGICO DE DORGALI . . . . . . . . 69
MUSEO ARQUEOLÓGICO DE OLBIA . . . . . . . . . 78
MUSEO CASA DERIU . . . . . . . . . . . . . . . . . . 110
MUSEO CIUSA . . . . . . . . . . . . . . . . . . . . . . 56
MUSEO CIVICO GIOVANNI MARONGIU . . . . . . . 123
MUSEO COSTANTINO NIVOLA . . . . . . . . . . . . . 68
MUSEO DE ARTE DE LA PROVINCIA DE NUORO . . 58
MUSEO DE LAS MÁSCARAS MEDITERRÁNEAS . . . 60
MUSEO DEL BANDITISMO . . . . . . . . . . . . . . . 90

MUSEO DEL CARBONE . . . . . . . . . . . . . . . 134
MUSEO DEL COLTELLO SARDO . . . . . . . . . 129
MUSEO DEL CORALLO . . . . . . . . . . . . . . . 104
MUSEO DEL COSTUME . . . . . . . . . . . . . . . 58
MUSEO DELEDDIANO . . . . . . . . . . . . . . . . 58
MUSEO DELL'ARTE MINERARIA . . . . . . . . . 127
MUSEO DELLA STATUARIA PREISTORICA . . . . . 120
MUSEO DELLE CONCE. . . . . . . . . . . . . . . . 111
MUSEO DELL'INTRECCIO MEDITERRANEO . . 95
MUSEO DEL SUGHERO . . . . . . . . . . . . . . . 90
MUSEO DE TECNOLOGÍA CONTEMPORÁNEA . . . 115
MUSEO ETNOGRAFICO DI FLUMINIMAGGIORE . . 129
MUSEO NACIONAL DE ARQUEOLOGÍA . . . . . . . . 58
MUSEO NAZIONALE G. A. SANNA . . . . . . . . 98
MUSEO PINUCCIO SCIOLA –GIARDINO SONORO. . 46
MUSEO PRIVATO «IL CICLO DELLA VITA» . . . . . . 50
MUSEO STORICO DELLA BRIGATA SASSARI . . . . . 98

### ■ N - O - P ■

**NEBIDA** . . . . . . . . . . . . . . . . . . . . . . . . . . . **132**
NECROPOLI DI ANGHELU RUJU . . . . . . . . . . . 104
NECROPOLI DI FILIGOSA . . . . . . . . . . . . . . . . . 112
NECROPOLI DI MONTALE. . . . . . . . . . . . . . . . . 99
NECROPOLI DI MONTESSU . . . . . . . . . . . . . . . . 134
NECROPOLI NURAGICO DI ANTAS. . . . . . . . . . . 128
**NUORO**. . . . . . . . . . . . . . . . . . . . . . . . . . . . **.54**
**NUORO Y BARBAGIA** . . . . . . . . . . . . . . . . . **.54**
NURAGA ALBUCCIU . . . . . . . . . . . . . . . . . . . . . 81
NURAGA LA PRISGIONA . . . . . . . . . . . . . . . . . . 81
NURAGHE E CHIESA DI SANTA SABINA. . . . . . . . 113
NURAGHE LOSA . . . . . . . . . . . . . . . . . . . . . . . 115
NURAGHE MEREU . . . . . . . . . . . . . . . . . . . . . . 59
NURAGHE OROLO . . . . . . . . . . . . . . . . . . . . . . 113
NURAGICO VILLAGGIO SERRA ORRIOS . . . . . . . . 69
**OLBIA** . . . . . . . . . . . . . . . . . . . . . . . . . . . . **.75**
OLBIA ROMANA. . . . . . . . . . . . . . . . . . . . . . . . 78
**OLIENA Y MONTAÑAS DE SUPRAMONTE** . **.59**
**ORANI** . . . . . . . . . . . . . . . . . . . . . . . . . . . . **.68**
**ORGOSOLO**. . . . . . . . . . . . . . . . . . . . . . . . **.59**
**ORISTANO** . . . . . . . . . . . . . . . . . . . . . . . . **116**
**OROSEI** . . . . . . . . . . . . . . . . . . . . . . . . . . . **.73**
**OZIERI** . . . . . . . . . . . . . . . . . . . . . . . . . . . **107**
**PALAU** . . . . . . . . . . . . . . . . . . . . . . . . . . . . **.82**
PALAZZI DI ALGHERO . . . . . . . . . . . . . . . . . . 104
PALAZZO DEGLI SCOLOPI . . . . . . . . . . . . . . . . 119
**PAOLO FRESU** . . . . . . . . . . . . . . . . . . . . . **.36**
PARCO ARCHEOLOGICO DI TURRIS LIBISONIS . . 100
PARCO ARCHEOLOGICO MONTE SIRAI . . . . . . . 135

PARCO GENNA MARIA . . . . . . . . . . . . . . . . . . 47
PARCO NAZIONALE DELL'ARCIPELAGO
DI LA MADDALENA . . . . . . . . . . . . . . . . . . . . . 85
**PATTADA** . . . . . . . . . . . . . . . . . . . . . . . . . **107**
PEDRA LONGA. . . . . . . . . . . . . . . . . . . . . . . . . 65
**PENÍNSULA DE SINIS**. . . . . . . . . . . . . . . . **120**
**PERFUGAS**. . . . . . . . . . . . . . . . . . . . . . . . **.96**
PINACOTECA NAZIONALE . . . . . . . . . . . . . . . . 44
PLAYA DE PISCINA REI. . . . . . . . . . . . . . . . . . . 61
**PORTO CERVO** . . . . . . . . . . . . . . . . . . . . . **.80**
**PORTO CONTE** . . . . . . . . . . . . . . . . . . . . . **106**
**PORTO POLLO E ISOLA DEI GABBIANI** . . **.84**
PORTO PUDDU . . . . . . . . . . . . . . . . . . . . . . . . 83
**PORTO RAFAEL** . . . . . . . . . . . . . . . . . . . . **.83**
**PORTO ROTONDO**. . . . . . . . . . . . . . . . . . . **.80**
**PORTOSCUSO** . . . . . . . . . . . . . . . . . . . . . **132**
**PORTO TORRES** . . . . . . . . . . . . . . . . . . . . **.99**
**POSADA**. . . . . . . . . . . . . . . . . . . . . . . . . . **.73**
**PULA** . . . . . . . . . . . . . . . . . . . . . . . . . . . . . **.51**

### ■ Q - R - S ■

**QUARTU SANT'ELENA** . . . . . . . . . . . . . . . **.49**
**RAZZOLI**. . . . . . . . . . . . . . . . . . . . . . . . . . **.89**
**REGIÓN DE ORISTANO**. . . . . . . . . . . . . . **116**
ROCCIA DELL'ELEFANTE . . . . . . . . . . . . . . . . . 95
**SÁCER**. . . . . . . . . . . . . . . . . . . . . . . . . . . . **.98**
**SANT'ANTIOCO** . . . . . . . . . . . . . . . . . . . . **135**
**SAN GIOVANNI SUERGIU** . . . . . . . . . . . . **135**
**SAN LEONARDO DI SIETE FUENTES** . . . . **115**
**SANLURI** . . . . . . . . . . . . . . . . . . . . . . . . . . **.46**
**SAN PANTALEO** . . . . . . . . . . . . . . . . . . . . **.82**
**SAN SALVATORE** . . . . . . . . . . . . . . . . . . . **124**
**SAN SPERATE** . . . . . . . . . . . . . . . . . . . . . **.46**
**SANTA MARIA NAVARRESE**. . . . . . . . . . . **.64**
SANT'ANTONIO ABATE. . . . . . . . . . . . . . . . . . . 30
**SANTA TERESA DI GALLURA** . . . . . . . . . . **.91**
**SAN TEODORO** . . . . . . . . . . . . . . . . . . . . . **.74**
**SANTO STEFANO** . . . . . . . . . . . . . . . . . . . **.87**
**SANTU LUSSURGIU** . . . . . . . . . . . . . . . . . **114**
SARDEGNA IN MINIATURA . . . . . . . . . . . . . . . . 48
**SEDINI** . . . . . . . . . . . . . . . . . . . . . . . . . . . **.96**
**SERUCI** . . . . . . . . . . . . . . . . . . . . . . . . . . . **132**
**SPARGI** . . . . . . . . . . . . . . . . . . . . . . . . . . . **.88**
SPIAGGE DI ALGHERO . . . . . . . . . . . . . . . . . . 104
SPIAGGE DI ISOLA ROSSA . . . . . . . . . . . . . . . . 92
SPIAGGE DI PALAU . . . . . . . . . . . . . . . . . . . . . 83
SPIAGGE DI VILLASIMIUS. . . . . . . . . . . . . . . . . 52
SPIAGGIA DEL PESCE . . . . . . . . . . . . . . . . . . . 87

| | |
|---|---|
| SPIAGGIA DI CALA BRANDINCHI. . . . . . . . . . . . 74 | TOMBA DEI GIGANTI DI BIDISTILI O DURANE . . . . 67 |
| SPIAGGIA DI CALA SABINA. . . . . . . . . . . . . . 101 | TOMBA DEI GIGANTI DI CODDU VECCHIU . . . . . . 81 |
| SPIAGGIA DI COCCOROCCI. . . . . . . . . . . . . . . 62 | TOMBA DEI GIGANTI DI LI LOLGHI . . . . . . . . . . 81 |
| SPIAGGIA DI IS ARUTAS . . . . . . . . . . . . . . . 123 | TOMBA DEI GIGANTI DI LI MIZZANI . . . . . . . . . 83 |
| SPIAGGIA DI PLATAMONA . . . . . . . . . . . . . . 100 | TOMBBA DI GRAZIA DELEDDA . . . . . . . . . . . . . 58 |
| SPIAGGIA DI TORRE GRANDE. . . . . . . . . . . . 120 | TORRE DELL'ELEFANTE . . . . . . . . . . . . . . . . . 44 |
| SPIAGGIA LA CINTA . . . . . . . . . . . . . . . . . . 74 | TORRE DI LONGOSARDO . . . . . . . . . . . . . . . . 92 |
| SPIAGGIA LA SPERANZA (POGLINA) . . . . . . . . 104 | TORRE DI MARIANO II (SAN CRISTOFORO) . . . . . 120 |
| SPIAGGIA RENA BIANCA . . . . . . . . . . . . . . . 92 | TORRES Y BASTIONES . . . . . . . . . . . . . . . . . 106 |
| SPIAGGIA ROSA . . . . . . . . . . . . . . . . . . . . 88 | TORTOLI Y ARBATAX . . . . . . . . . . . . . . . . . .63 |
| STAMPACE . . . . . . . . . . . . . . . . . . . . . . . .45 | TRESNURAGHES Y PORTO ALABE . . . . . .111 |
| STAZIONE DELL'ARTE . . . . . . . . . . . . . . . . . 63 | TRIEI Y PUEBLO NURÁGICO BAU NURAXI . .66 |
| STINTINO . . . . . . . . . . . . . . . . . . . . . . . .100 | TRINITA D'AGULTU . . . . . . . . . . . . . . . . . . .92 |
| SU NURAXI DI BARUMINI . . . . . . . . . . . . . . . 48 | ULASSAI . . . . . . . . . . . . . . . . . . . . . . . . .62 |
| | VALLE DE ANTAS . . . . . . . . . . . . . . . . . . .128 |
| | VALLE DELLA LUNA . . . . . . . . . . . . . . . . . . 90 |
| **T - U - V** | VALLEDORIA . . . . . . . . . . . . . . . . . . . . . . .94 |
| | VIA SANTA CROCE . . . . . . . . . . . . . . . . . . . 45 |
| TAVOLARA . . . . . . . . . . . . . . . . . . . . . . . .78 | VIDDALBA . . . . . . . . . . . . . . . . . . . . . . . .92 |
| TEMPIO DI ANTAS . . . . . . . . . . . . . . . . . . 128 | VILLANOVA . . . . . . . . . . . . . . . . . . . . . . .45 |
| TEMPIO PAUSANIA . . . . . . . . . . . . . . . . .89 | VILLASIMIUS . . . . . . . . . . . . . . . . . . . . . .52 |
| TERGU . . . . . . . . . . . . . . . . . . . . . . . . .96 | |

### EDICIÓN

**Coordinación de la colección:**
ALHENAMEDIA, Stéphan SZEREMETA, Dominique
AUZIAS y Jean-Paul LABOURDETTE

**Autores:** Baptiste THARREAU, Antoine RICHARD,
Joanna DUNIS, Camille RENEVOT, Saliha HADJ-
DJILANI, Marie Isabelle CORRADI, Nicolas LANDRU,
Juliana HACK, François-Xavier DELISSE, Jean-Paul
LABOURDETTE, Dominique AUZIAS y otros

**Director editorial:** Francisco BARGIELA

**Traducción y corrección:** Manuel MONREAL

### DISEÑO Y DIAGRAMACIÓN

**Maquetación y montaje:** María de los Llanos
ZOTES, Romain AUDREN, Julie BORDES,
Delphine PAGANO

**Iconografía y cartografía:** Anne DIOT,
Julien DOUCET

### AUTORES Y CREADORES DE LA COLECCIÓN

Dominique AUZIAS y JEAN-PAUL LABOURDETTE
© Textos: Dominique AUZIAS
y JEAN-PAUL LABOURDETTE
© Mapas: Petit Futé
© Edición en español: Alhena Fábrica
de Contenidos y Petit Futé
© Traducción: Alhena Fábrica de Contenidos
y Petit Futé

Editado por **Alhenamedia** conjuntamente con **Les
Nouvelles Editions de l'Université**, 18, rue des
Volontaires, París, Francia.

Publicado originalmente en francés por Les
Nouvelles Editions de l'Université bajo el título
*Sardaigne*.

### CARNET DE VIAJE CERDEÑA

ALHENAMEDIA
C/ Rabassa, 54, local 1. 08024 Barcelona
Tel. +34 934 518 437
alhenamedia@alhenamedia.info
www.alhenamedia.info
Cubierta: *Pedra Longa*.
© Andrew Mayovskyy - stock.adobe.com
ISBN : 978-84-18086-61-8
Depósito legal: B-5182-2025
Impreso en España por Gráficas Lidergraf